교회개척을 넘어 선교개척으로
Church Planting to Mission Planting

선교적 교회

|이성화 지음|

Missional Church

쿰란출판사

선교적 교회

교회개척을 넘어 선교개척으로
Church Planting to Mission Planting

| 프롤로그 |

"교회 개척을 넘어 선교 개척으로"
(Church Planting to Mission Planting)

영국의 전 캔터베리 대주교 캐리 경(Lord Carey)은 "교회가 젊은이들을 믿음으로 돌아오도록 특단의 돌파구를 마련하지 않으면 영국 기독교는 30년 후 사라질 것이다"라고 경고했다.

일련의 영국 교회 경종의 배후엔 인도 선교사였던 레슬리 뉴비긴(Lesslie Newbigin)의 영향력이 컸다. 뉴비긴은 "오늘날 북반부(서구) 교회는 정체성 혼란을 겪고 있다. 결국 북반부 교회의 정체성 혼란은 기독교 쇠퇴를 가져와 서구 기독교는 영향력을 잃어버렸다"라고 역설했다.

뉴비긴이 인도에서 32년간 선교하고 조국에 돌아왔을 때 그는 영국 교회가 기독교의 영향력을 상실하고 주변으로 밀려난 것을 목격했다. 교회가 세속화되어 영국인들의 삶의 중심에 기독교는 껍데기만 남게 된 것이다. 결국 세속화가 종교다원주의로 이어지고, 그 결과 기독교 절대 가치가 상대화되어 버렸다. 오늘날 영국 기독교는 더 이상 종교의 핵심도 아니고, 사람들의 가치를 주도하지도 못하게 된 것이다. 일련의 영국교회의 정체성 혼란은 세계 선교의 꽃을 피우고 정점에 올라와 있는 한국 교회와도 무관하지 않다.

이런 맥락에서 지난 2018년 'GMS 20년 선교대회'는 선교 현장의 패러다임 변화가 일어나야 한다는 위기에서 시작되었다고 본다. 이 위기를 절감하며 GMS가 전방 개척 선교를 지향한 궤도 수정이었다고 본다. 변화하는 세계 선교에 브릿지 역할을 했다고 본다.

이제 한국 선교 현장은 '교회 개척을 넘어 선교 개척으로'(Church Planting to Mission Planting) 나아가야 한다. 이것이 '선교적 교회'(Missional Church)이다.

지금까지 한국 선교가 사람이 아닌 건물 위주의 선교를 했다면,

이제는 사람이 경쟁력인 선교로 전환해야 한다. 한국 선교는 변화하는 선교 흐름을 직시해야 한다. 선교는 속도가 아니고 방향이다. 방향을 바로잡고 '교회 개척을 넘어 선교 개척으로' 업그레이드해야 한다.

필자는 지난 50여 년 목회를 하며 교회의 본질에 충실하려고 몸부림쳤다. 제자훈련, 상담소 운영, 지역 아동 센터와 무료급식소 운영 등 다양한 목회적 돌봄을 시도했다. 당시엔 무언가 가시적인 열매는 있었지만 본질은 아니라고 생각했다. 결국 해답은 간단했다. 교회가 복음의 본질을 회복하는 것이다. 바로 '선교적 교회'(Missional Church)로 전환하는 것이다.

이런 맥락에서 평소 고민했던 부분을 글로 담아보았다. 원래 글쓰기에 문외한인 사람이 막상 글을 쓰려고 하니 많은 생각이 오갔다. 여러 가지 고민을 거듭하던 중 친구 정병갑 목사(일산 신성교회)가 용기를 주며 중심내용을 잡게 되었다. 여기 다수의 글들은 정병갑 목사의 조언과 격려로 빛을 보게 된 것을 밝힌다. 무엇보다도 부족한 사람의 글을 축하해 주신 부총회장 소강석 목사와 GMS 김정훈 이사장과 목회의 동역자들에게 감사를 전한다. 기독교 출판업계가 녹록지 않은데 기꺼이 출판을 허락해 주신 쿰란출판사 이형규 장로에게 감사를 전한다. 지난 목회의 여정 길에 복음의 조력자로 함께 걸어온 가족들에게 지면을 통해 감사하며 오늘이 있기까지 물심양면으로 기도와 물질을 아끼지 아니한 당회원들과 성도님들께 이 책을 헌정한다.

2020년 4월
주님 다시 오심을 고대하며 목양실에서
이 성 화

목차 contents

프롤로그 · 4

제1장 변화 (Transforming)

Ⅰ. 변화하는 교회, 일상 속의 목회 이야기 · 12
Ⅱ. 선교적 교회: 예배 공동체 · 23
Ⅲ. 한국 교회 미래 숲을 일구는 서문교회 · 35
Ⅳ. 변화하는 선교, 변화하는 교회 · 38
Ⅴ. 변화하는 유럽 교회와 한인 디아스포라 교회의 반응과 역할 · 87

제2장 다음 세대 (Next Generation)

Ⅰ. 다음 세대를 잡으라 · 122
Ⅱ. 다음 세대의 훌륭한 지도력 · 135

제3장 효과 (Synergy)

Ⅰ. 선교지 재산권 문제와 선교사 책무: 인테그리티 · **178**
　■부록: 국제단체/ 교단 선교부 규정집: 선교지 재산관리 · **200**
Ⅱ. 교단 선교부(GMS)의 선교 전략적 개발을 위한 선교 방향 · **208**

제4장 거버넌스 (Governance)

Ⅰ. 굿 거버넌스(Good Governance)와 GMS 본부 선교 · **230**
Ⅱ. GMS(LMTC) 평신도 선교의 동결된 자원 · **245**
Ⅲ. LMTC 현황과 전망 · **257**

에필로그 · **262**
참고문헌 · **267**

제1장

변화(Transforming)

"변화에 민감한 대처 없이 세계 선교는 불가능하다."
— 데이비드 보쉬

I.
변화하는 교회, 일상 속의 목회 이야기
― 가정 이야기

　필자는 베이비붐 세대로 3남 2녀 중 장남으로 태어났다. 아버지는 전형적인 유교셨고, 어머니는 무속신앙이셨다. 어려서부터 건강이 좋지 않아 기관지 천식으로 어머니 등에 업혀 미군 병원에 간 적이 있다. 아직도 생생하게 기억나는 것은 검고 차가운 쇠붙이에 가슴을 대고 엑스레이(X-Ray) 촬영을 했던 일이다. 아마 그때가 세 살 정도 무렵이었던 것 같다.

　꿈 많은 초등학교 시절에 혼자 병원을 드나들며 주사를 맞았다.

병원에서 주사를 맞고 받아 든 노란 알약을 매일 아침저녁으로 한 움큼씩 먹어야 했다. 나중엔 위하수가 생겨 배가 아파 항상 얼굴이 창백했다.

청년이 되어 나라의 부름을 받고 공군에 자원 입대했다. 군 입대 후 일병도 되기 전에 결핵 판정을 받아 마산통합병원에 후송되었다. 후송된 병원에서 감사하게도 주님을 인격적으로 만나게 되었다. 병 고침 받은 것도 감사한데, 더 감사한 것은 병원에서 하나님의 은혜를 경험했다는 것이다. 그 후 주님을 위해 살기로 다짐하며 목회자로 헌신했다.

마산통합병원에 입원해 병원생활을 하던 중 한 간호장교가 눈에 들어왔다. 그녀는 당시 전주여고를 꽤 괜찮은 성적으로 졸업해 성악 공부를 하려고 서울의 유수한 대학 진학을 준비하였었다. 하지만 가정형편이 좋지 않았던 그녀는 모든 꿈을 접고 국군간호사관학교에 진학했다. 그녀를 보는 순간 주의 일을 함께하기에 적합하겠다는 생각이 들어서 관심을 가졌다.

사실 목회자의 길을 선택하면서도 과연 배우자가 반려자로 적합할지에 대해 고민도 했다. 그녀는 신앙이 좋고 찬송을 잘할 뿐만 아니라 언제나 얼굴이 밝았다. 얼마 지나지 않아 서로 사랑을 고백하게 되었고, 지금의 아내가 되었다.

첫 개척교회는 두 명의 청년과 젊은 부부가 전부였다. 교회가 경제적으로 어려웠기 때문에 아내는 결혼을 하고도 군 병원에서 간호장교로 계속 근무했다. 결국 주말 부부가 되어 일주일 혹은 두 주일에 한 번 정도 만날 수 있었다. 두 자녀도 엄마와 떨어져서 할아버지 할머니 곁에서 자라야만 했다. 어려웠던 개척교회 목회 시절이었다. 이런 환경이었지만 지난 시간을 되돌아보니 주님께서 넘치는 은혜를 주셔서 오늘의 교회로 성장시켜 주셨다. 선한 길로 인도해 주신 주님께 감사드린다.

부모님 이야기

공군을 제대하고 신학교에 입학시험을 보러 갈 때에 무속신앙인이셨던 어머니는 호주머니에 부적을 넣어 주셨다. 무언지 모르지만 어미로서 아들의 합격을 기원하는 마음이었을 것이다. 이처럼 무속신앙과 유교정신이 남다르셨던 부모님들을 위해 3-4년 동안 매일 새벽기도로 매달렸다. 결국 부모님은 예수님을 믿게 되었고, 그 후 개척한 교회에서 첫 장로와 첫 권사로 임직을 받으셨다. 그리고 오랜 세월, 든든한 자녀 목회의 동역자가 되어 주셨다.

아버지는 2년 전, 주님 품에 가실 때까지 아들이 목회하는 교회에서 장로로 섬기셨다. 어머니는 지금은 요양원에서 주일마다 교회에 나오신다. 필자가 총신 신학대학원 2학년 때에 교회 개척을 해서 35년이 흘렀다. 짧지 않은 목회에 부모님이 함께해 주셨다.

지금 와서 목회 뒤안길에 서서 조용히 회고해 보니 아들이 교회를 개척하고 몸부림치는 모습을 보며 얼마나 맘 아파하셨을까 하는 생각이 든다. 지금 생각하니 무식하면 용감하듯, 무일푼으로 교회를 개척해 집 마루에서 타종과 헌금 바구니 하나를 덜렁 놓고 첫 예배를 드렸으니 말이다. 성도들이 늘어나 교회를 옮기는 과정부터 경제적 어려움을 지켜보시며 이루 말할 수가 없이 기도하셨다.

지금의 예배당을 건축할 때 일이다. 예배당 건축을 시작하고 얼마 되지 않아 IMF가 터졌다. 교회 건축은 했는데 모든 대출이 막히고 헌금이 뚝 떨어졌다. 갚아야 할 이자만 해도 월 8천만 원이 넘었다. 예배당이 완공되었으나 건축비를 갚지 못해 건축회사로부터 경제적인 압박이 왔다. 어떻게 할 방법이 없어 하나님께 매달릴 수밖에 없었다. 20일씩 금식을 몇 차례 하며 하나님께 부르짖었다. 건축비 마련을 위해 제2금융권과 보험회사 문까지 두드렸으나 길을 찾을 수 없었다. 급기야 40일 금식기도로 하나님은 몰고 가셨다. 하나님 앞에 매달려 기도하는 길밖에 다른 길이 없었다. 이것이 한 목회자이다. 어려운 고비 고비마다 금식을 하며 하나님께 부르짖는 자식의 모습을 보며 부모님께서 얼마나 가슴 아파하셨을까 생각을 하면 지금도 맘이 저며온다. 참 뭘 모르고 교회 개척해 부모님께 효도 한 번 제대로 못한 불효 막심한 자식이었다.

결국 아버지는 요양병원에 계셨고, 가끔씩 그곳을 방문하면 한 번도 아들의 이름을 부르지 않고 늘 "담임목사님"이라고 부르셨다. 이제 이 땅을 떠나시고 아버지가 세상에 안 계신다는 생각을 하면 눈물이 난다. 어릴 때 아버지가 "성화야!" 불러 주셨던 음성이 절절해진다. 아버지가 살아 계실 때 시무장로로 교회를 지키며 기도하시던 빈 자리를 보면 눈시울이 붉어진다.

아내와의 이야기

교회가 어느 정도 성장하면서 아내는 긴 군 간호장교 생활을 마쳤다. 지금은 줄곧 목회사역을 돕고 있다. 어느덧 교회를 개척한 지 35년이란 세월이 흘렀다. 지금도 부교역자들이 여럿 있지만 심방은 아내와 함께한다. 심방뿐만 아니라 시찰회, 노회, 총회까지 늘 같이 다닌다. 대심방 때에 아내와 둘이서 다니면 설교 준비에 대한 부담이 없다. 부교역자나 교인들과 함께하면 같은 본문, 같은 설교를 하게 될 때 눈치가 보이지만 아내와 함께하면 똑같은 설교를 여러 번 반복해도 전혀 부담이 없다.

아내는 아내이기 이전에 목회의 동역자로 교회를 섬겼다. 예전에 아내는 2천여 명이나 되는 교인들의 이름을 거의 외웠다. 지금도 교인들의 형편을 거의 파악하고 있다. 이 모든 것이 목회 동역의 결과이다. 지금도 주변의 사람들은 내가 있는 곳엔 으레 아내도 있으려니 한다.

교회의 목회사역 대부분을 아내와 공유했다. 하지만 교회의 재정이나 중직자들과의 어려운 문제에 대해선 가급적이면 아내에게 이야기하지 않는다. 아내에게 이야기해 봐야 걱정만 시킬 뿐이다.

아내는 목회에 있어서 최상의 동역자이다. 주변 목회자 중에 사모들이 탁월한 은사를 가지고 있음에도 아내를 가정에 있게 하는 경우가 있는데, 비효율적이라고 생각한다. 결국 목회자로 부름 받았으면 부부가 함께 받은 것이다. 잠자는 아내를 깨워 목회에 함께해야 한다.

필자의 목회는 많은 부분을 아내와 함께한다. 취미생활도 같이한

제1장 변화(Transforming)

다. 운동을 별로 좋아하지 않는 아내와 함께할 수 있는 운동을 찾아 볼링과 테니스도 해보았으나 쉽지 않았다. 그러던 중 주위 사람들의 권유로 골프를 하게 되었다.

어느덧 육십 중반이 되고 무릎 관절이 좋지 않아 걷는 것도 예전 같지 않다. 하지만 골프로 아내와 함께 취미생활을 하며 푸른 초원을 같이 걸으며 서로의 건강을 챙기고 있다. 어려운 시절을 함께해 준 아내에게 감사한다.

자녀들 이야기

두 자녀를 두었다. 큰아이가 아들이고, 작은아이는 딸이다. 아이들 교육은 전적으로 아내가 했다. 어떻게 보면 아내에게 맡김보다 주님께 맡겼다는 말이 더 맞다. 그럴 수밖에 없었다. 가난한 개척교회 목회자로서 경제적으로 궁핍했기 때문이다. 심지어 큰아이는 고3 때까지 학원을 한 번도 보내지 못했다. 과외는 생각할 수도 없었다. 일주일에 한 번씩 받아 보는 수학 시험지가 전부였다. 생각해 보면 아이들에게는 원망을 들을 수밖에 없는 아버지였다.

아이들이 얼마나 못 먹고 어려운 환경에서 자랐는지, 고3 때 전교생 800명 중에 결핵환자가 두 명이 있었는데 그중 하나가 우리 큰아이였다.

지금 생각하면 목회의 뒤안길에 미련했고, 두 아이에게 미안하다. 얼마나 어려웠던지 두 아이가 자라는 동안 친구들을 집에 데리고 온 적이 없다. 딸아이 학급 아이가 찾아온 적이 딱 한 번 있었는데, 그것도 애가 몸이 아파 학교에 가지 못해 선생님의 심부름으로 찾아 온 것이었다.

지금도 주마등처럼 스치는 이야기가 있다. 큰아이가 학교에서 귀가할 시간이 지났는데도 소식이 없었다. 아이를 찾으러 나갔더니 동네 공원에서 친구와 놀고 있었다. "왜 집에 오지 않고 공원에 있냐?"고 했더니 큰아이 표정이 어두워지며 친구에게 집을 보이고 싶지 않아서 그렇다고 했다. 아들의 말이 이해가 갔다. 그때 우리 가족은 전세 650만 원의 반지하에 살고 있었다. 현관문을 열고 한 계단 더 내려가서 부엌을 지나 방으로 들어갔다. 반지하로 어두운 방은 겨우 세 평 정도였다. 한쪽엔 이불장이 있고 그 옆엔 이층 침대가 있었다. 방바닥은 울퉁불퉁해 누워도 편하질 않았다. 이층 침대 같은 경우엔 시장에 나갔다가 누가 버린 것을 손을 봐서 놓아 둔 것이었다. 아이들이 아래위층에 누워서 잠을 잤고, 우리 부부는 바닥에서 잠을 설쳤다. 우리 부부가 자려고 누우면 방 안에 빈 공간이 남지 않는지하 방이었다. 한 번은 하수구에서 커다란 쥐가 올라오는 바람에 온 가족이 기절초풍을 한 적도 있다.

어느 날 큰아이가 한밤중에 화장실에 가고 싶다고 하면서 100m 떨어진 이웃 교회 화장실로 데려다 달라고 했다. "왜 그러느냐?"고 물었더니 "화장실이 무섭다"는 것이었다. 그도 그럴 것이, 우리 집 화장실은 네 가구가 함께 사용하는 공중 화장실이었다. 화장실에 인분을 퍼내도 금방 오줌이 차올랐다. 어른들은 요령껏 신문지를 바닥에 떨어뜨리고 그 위에다가 용변을 보고 빠져나왔지만 아이들은 그러질 못했다. 아이들이 대변을 볼 때엔 인분이 튀어 올랐다. 오래 쭈그리고 앉아 있지도 못했다. 구더기가 경주를 하듯 올라와 신발 위로 기어오르기도 했다.

당시 교회는 상가 3층 150평을 예배당으로 사용하고 있었다. 출석 교인이 장년 280여 명 정도였다. 집에서 교회까지 아이들 걸음으로 10분 정도는 족히 걸렸다. 교회 사무실은 에어컨도 있어 제법 괜찮았다. 온 가족이 한여름이면 집이 덥고 습도가 높아 잠을 잘 수가 없을 때엔 두 아이를 사무실에서 재우곤 했다. 이것을 성도들이 볼까 미안해 새벽 3시 30분이면 아이들을 깨워서 집으로 돌려보냈다.

시간이 흘러 큰아이가 의대를 졸업하고 결혼을 하게 되었다. 큰아이가 결혼하기 전날, "석아, 혹시 아빠에게 할 말이 있거든 해봐"라고 했더니 "아빠, 저는 아직까지 아빠에게 한 번도 칭찬을 들어본 적이 없어요"라고 했다. 곰곰이 생각해 보니 진짜 부끄러웠다! 그때 난 아이에게 이렇게 변명했다. "그랬구나. 석아! 미안하다. 이해해 주렴. 아빠가 목사다 보니 설교할 때 늘 '이다. 아니다'로만 설교를 했다. 아빠가 너희들에게도 그렇게 했구나" 하며 얼버무렸다.

이 글을 쓰며 뭐 이런 아버지가 있나 싶다. 아이들에게 무식하고, 무정하고, 관용이 없는 아버지였다. 그런데도 애들이 잘 자라 주었다. 이 모든 것이 하나님의 은혜다.

큰아이는 지금 모 병원의 신경외과 과장으로 있다. 딸아이는 이화여자대학교 대학원 피아노학과를 졸업하고 대학 출강도 하며 서울 구립합창단 반주자로 일하고 있다. 교회를 개척하고 목회한다며 애들한테 해준 것이 없지만 두 자녀를 축복해 주셔서 하나님께 감사드릴 뿐이다.

가정 이야기
가계 운영에 대해선 사실 아는 게 없다. 교회를 개척하고 지금까지 사례를 제대로 받아 본 적이 없다. 가난했던 목회 시절에 배가 고플 땐 심방을 했다. 심방하면 먹을 게 생겼다. 개척을 하고 20년이 되던 해, '2005년 서울국제마라톤대회' 하프 코스에 도전했다. 힘든 목회로 망가진 몸에 반전의 기회로 삼았다.

이제 목회의 뒤안길에 서서 선교적 교회로 미자립교회도 도와야겠다고 다짐했다. 최소 2년에 한 가정씩 선교사를 파송하기로 다짐했다. 지금은 5가정, 주 파송 선교사와 15곳에 미자립교회를 지원하고, 20명 선교사들을 협력하고 있다. 지금 교회 규모는 대형 교회는 아니지만 3천여 명의 성도, 건평 2,200평의 예배당 건물과 만여 평의 멋진 수련원을 가지고 있다.

교회를 개척한 지 35년이 되었지만 솔직히 지금도 집안 가계 운영은 잘 모른다. 모든 가계 운영은 아내가 맡아 하고 있다. 사례금도 통장을 통해 바로 아내에게 입금된다. 지금은 목회에 힘은 들어도 먹을 것이 없어 주려 본 적은 없다. 매일같이 만나를 내려주신 하나님께 감사드릴 뿐이다.

글을 쓰다 보니 편하게 말했지만 독자들의 생각이 어떨지 내심 걱정이 된다. 하지만 이건 한 목회자의 솔직한 고백이다.

II.
선교적 교회: 예배 공동체

    필자는 교회를 개척해 목회하고 있다. 현재 부천시 상동신지역의 종교부지에 교회를 건축하게 되었다. 교회를 약 400여 평의 주차장과 250여 평의 대지 위에 세웠다. 연건평 1,000여 평에 본당 좌석이 700석이 된다. 예배 현황은 새벽기도 5시를 시작으로 주일 낮 예배를 1-4부로 드린다. 저녁 예배는 오후 7시 30분에 드린다. 1부 예배는 오전 7시에(주일 예배에 정상적으로 참여할 수 없는 성도, 공무원, 국가고시, 출장 등을 위해) 드린다. 2부는 오전 9시, 3부는 오전 11시에 각각 드리며, 4부 예배는 오후 2시에 젊은이 중심으로 열린예배로 드린다. 훈련된 청년부 찬양 팀이 인도하며, 담임목사가 메시지만 전한다. 전통적(traditional) 예배가 아니라 구도자 패턴(evolutionary pattern)적 현대

(contemporary)예배로 드린다.

예배란 감동과 감격으로, 자신에게 초점을 맞추는 것이 아니라 창조주이시며 구주이신 하나님께 초점을 맞추는 것이다. 무엇보다도 하나님의 거룩한 은혜 앞으로-자신을 드림(self-giving)으로-나아가는 것이 행위의 예배이다.

필자의 교회 예배는 이렇게 진행된다.

1. 송영과 영광

입례송(Doxology): 예배는 오직 하나님께만 영광을 돌리는 것으로 시작한다. 찬양대와 회중은 송영(영광송)을 부른다. 이때 부르는 찬송은 주로 새찬송가 1장에서 48장 사이에 수록된 곡을 선정한다. 예배의 대상이신 삼위일체 하나님을 찬양한다. 이처럼 송영과 영광을 온 성도들이 찬양대 지휘자의 지휘에 맞춰 찬양 대원 및 오케스트라의 연주로 시작한다.

참회 기도: 참회 기도는 성도들로 하여금 한 주간의 삶을 되돌아보고 반성하며, 하나님 앞에서 자신의 죄와 허물을 고백하며 죄 사

함을 간구케 한다. 마치 식기를 사용하려면 먼저 세척을 하듯이 심령을 성결하게 하여 예수 그리스도의 대속의 은혜의 보좌 앞으로 나아간다. 예배 인도자가 속죄의 성구를 낭독함으로 약 1분간에 걸쳐 기도한다.

성시 교독: 성시 교독은 오늘 설교할 본문의 말씀과 연결점이 있는 곳을 교독문에서 선별하여 정하고, 절기와 날은 교독문을 참고한다.

사도신경: 사도신경은 다 같이 신앙을 고백한다. 사도신경은 이단과 그릇된 교리를 막기 위해 사도들이 고백한 신앙을 토대로 초대 그리스도인들이 고백했던 표준적인 신앙고백을 동일하게 고백한다. 사도신경으로 정통적인 방식의 신앙고백을 한다.

응답 찬송: 설교 내용과 일치성이 있는 것으로 부르며, 말씀을 더욱 사모하게 한다. 이때 복음송을 부르는 것은 예배의 본질과는 거리가 있다고 생각한다. 복음송은 자신의 기쁨을 나타냄으로써 대상이 자기 자신이나 대중인 반면, 예배의 찬송은 대상이 하나님이시다. 가능한 한 주일 예배만큼은 복음송보다 찬송이 바람직하다.

대표 기도: 1부에서 3부까지 장로들이 장립 받은 순으로 윤번제로 기도한다. 순서를 맡은 자는 마음의 준비를 하며, 되도록 기도 수첩을 만들어 기도하도록 지도한다. 단, 진중하고 신중을 기하도록 하며, 3분을 넘지 않도록 한다. 대표 기도는 개인 신상에 대한 문제나 남을 비방하는 내용이나 부정적인 기도는 피하게 한다. 하나님 나라의 공적인 기도와 교회 사역과 오늘 드리는 예배와 설교자를 위해 기도하게 한다. 설교자를 위한 기도는 중요하다. 설교자는 하나님의 말씀을 대언하는 자이다. 청중은 대언자를 통해 하나님 말씀을 듣게 된다. 결국 설교자가 중요하다.

2. 말씀과 은혜

성경 봉독: 성경 봉독은 인도자가 직접 한다. 대독할 경우 예배의 흐름이 끊어질 수 있고, 제한된 시간에 마치려면 시간에 쫓길 수 있다.

찬양대: 1부 예배는 권사 찬양대에서 찬양을 드리며, 2부, 3부는 본 찬양대가 오케스트라의 연주와 함께 찬양하며, 찬양대 인원은 각부에 70여 명으로 매년 임명된 자들로 세워진다.

교회 대그룹은 7개의 사역국과 43개와 150개 소그룹이 있다. 소그룹은 셀 리더를 세워 섬기도록 하는 셀 교회이다. 저녁 찬양예배의 경우 7개의 찬양대가 윤번제로 세워진다. 찬양곡 선정은 본문에 맞춰 지도하고 각 지휘자에 의해 선곡되는데, 대부분 성가곡에서 결정하도록 한다. 현재의 찬송가는 찬양대의 찬양으로서는 단순한 감이 들고 복음송도 적지 않게 실려 있으므로 자칫 예배가 감동적이기보다 감정적으로 흐르기 쉽기 때문이다. 찬양대의 찬양은 설교나 기도, 헌금과 같이 하나님 앞에 드려져야 하고, 찬양 역시 예배의 본질(essence)에 기초를 둔다.

설교: 설교는 낮 예배의 경우 약 23-25분 정도가 소요된다. 메시지는 하나님의 뜻이 전달되어서 성도들의 영적, 육적인 모든 문제가 설교를 통해 해결되기 위해서 전적으로 성령의 감동을 간구한다. 목회자들 중에는 1년 52주의 설교 제목을 이미 연초에 목회계획 가운데 발표하는 분들도 있지만, 필자는 설교 본문을 정하기 전에 성도들의 대중적 관심 및 절기와 계절, 또한 사회적 문제점 등을 고려하여 성도들과 연관성이 있는 메시지를 전하려고 노력한다.

설교 메시지 내용에 가장 비중을 두는 것은, 본문을 충실히 하고 설교자 자신이 먼저 본문에 은혜를 받아 성령의 감동을 받을 때 대중에게 강력한 도전을 심어 줄 수 있기 때문이다. 설교의 예화는 현실적인 것을 사용하며, 〈월간목회〉나 〈국민일보〉 또는 한 주간 동안 읽은 서적을 참고한다. 설교는 성도들의 삶이 되어야 하며, 하나님의 뜻이 담겨 있는 생명력을 지닌 메시지가 되어야 하기 때문에 설교의 방식은 어느 한 가지에 매이지 않고 연역적인 설교를 할 때도 있고, 또는 성도들로 하여금 말씀을 통해 스스로 적용과 결론을 내리게 하는 귀납적인 설교를 할 때도 있다. 주로 강해나 본문 중심의 설교 형태를 취한다.

설교의 제목은 본문에서 힌트를 찾으려 애쓰고, 대지는 2-3개 정도를 세운다. 가능한 한 대지 안에 소지는 하지 않는다. 대지를 설명하다가 본문 전체의 흐름을 놓칠 수 있기 때문에 소지보다는 예화를 사용한다. 설교를 요약하여 셀 모임 말씀 자료로 사용하여서 말씀을 한 번 더 각인하게 한다. 필자의 설교 준비는 목요일쯤 설교 제목을 구상하고 본문을 생각하며, 금요일에 초안을 잡고, 토요일은 특별한 행사를 제외하고는 설교 준비에 만전을 기한다.

설교를 준비하는 데 드는 시간은 약 6-7시간 정도이다. 설교는 설교자 자신의 삶과 하나님의 임재가 무엇보다도 중요하다. 예배에는 설교뿐만 아니라 모든 순서가 중요하지만 말씀이 차지하는 비중이

어떠한 순서보다 우선한다.

주후 165년경 기독교 최고의 문헌인 《제1변증문》에 보면 예배의 순서가 수록되어 있는데, 당시 예배는 크게 말씀 예전과 성만찬 예전으로 구성되어 있었다. 말씀 예전은 성경 봉독, 설교, 기도이며, 성만찬 예전은 성만찬(봉헌), 성만찬 기도(감사기도) 참여 순으로 되어 있었다. 이처럼 최초의 문헌에도 예배가 말씀과 성례전의 구조 형태를 갖추고 있음을 볼 때, 말씀의 중요성과 예배자의 드림이 필요함을 알 수 있다.

오늘날 현대 교회들이 행하고 있는 예배의 형식에는 많은 변화가 있었다. 앞으로도 예배의 형식은 계속 변할 수 있다. 그러나 그 본질(essence)이 변화되어서는 안 될 것이다. 예배에서 찾아야 할 꼭짓점은 역시 설교이다. 교회 4부 예배는 소위 말하는 열린예배의 형태이지만, 말씀은 전통적 방식을 사용하고, 설교자가 성경을 읽고 나서 메시지를 전달한다.

다음은 본 교회 주보에 실린 설교 요약이다.

제1장 변화(Transforming)

[본문: 마 18:21-35]

제목: 사랑과 용서

기독교는 사랑과 용서의 종교입니다. 예수님의 십자가와 부활이야말로 사랑과 용서의 결정체입니다. 그러므로 우리 기독교인들은 주님께 사랑과 용서에 대한 빚진 자의 심령으로 살아야 합니다.

오늘 본문에 예수님께서는 베드로가 "일곱 번까지 용서하리이까?"라고 묻자 "일곱 번뿐 아니라 일곱 번을 일흔 번까지라도 용서할지니라"고 하셨습니다. 이 말씀은 제한적 용서의 개념이 아니고, 형제가 용서를 구할 때 우리도 주님처럼 무제한적인 용서를 하여야 할 것을 말씀하신 것입니다. 왜 우리는 용서해야 하는가?

첫째, 우리는 주님께로부터 죄 사함을 받은 자이기 때문입니다.
우리는 주님께로부터 일만 달란트 빚진 자임을 알아야 합니다. 일만 달란트의 빚은 우리가 평생 벌어도 갚을 수 없는 천문학적인 숫자입니다. 나의 죄 값은 나와 나의 가족이 온 힘을 다해도 결코 갚을 수 없는데, 예수님께서 우리의 모든 죄 값을 지불하시고자 자신을 십자가에서 대속물로 내어주신 것입니다.

둘째, 용서받은 우리는 은혜를 저버리지 말아야 합니다.

주인으로부터 일만 달란트 빚을 탕감 받은 종이 자기에게 일백 데나리온 빚진 자를 가둔 이유는 자신이 주인으로부터 일만 달란트 빚을 탕감 받은 은혜를 저버렸기 때문입니다. 일만 달란트란 값으로 환산하면 육체적 가치로 환산할 수 없고, 오직 영혼의 가치로 계산되어야 합니다. 이처럼 큰 은혜를 받았으면 저버리지 마시기 바랍니다.

셋째, 용서받은 우리는 마음으로부터 형제를 용서해야 합니다.

진정한 용서는 마음으로부터 옵니다. 베드로가 예수님께 "일곱 번까지 용서하리이까?"라고 말한 것은 엄밀히 말해서 용서보다 벼르는 것밖에 되지 않습니다. 용서는 모든 것을 잊어버리는 것입니다. 사랑과 용서는 하나이며, 사랑 없는 용서는 없습니다. 본문 35절 "너희가 각각 마음으로부터 형제를 용서하지 아니하면 나의 하늘 아버지께서도 너희에게 이와 같이 하시리라"고 하셨습니다. 마음으로부터 용서가 필요합니다. 나에게 상처를 준 모든 사람을 용서할 때 우리 마음 가운데 천국이 임하게 되는 것입니다.

결론적으로, 기독교는 용서와 사랑의 종교입니다. 우리의 모든 죄를 지신 주님의 십자가 사랑 앞에 모든 것을 내려놓고, 용서하고 또 용서받는 삶으로 사랑과 용서를 실천할 수 있는 성도들이 되어서 축복의 삶을 누리시길 바랍니다.

설교를 마친 후 성도들의 삶을 위한 결단의 기도가 있고, 내용을 뒷받침하는 찬송을 부른다.

3. 감사와 축복

헌금: 헌금은 성도들로 하여금 미리 준비하게 한다.

1-3부 예배까지는 헌금바구니를 사용하게 하고, 4부 예배는 헌금함에 넣도록 한다. 필자는 헌금함보다 헌금바구니를 사용함이 엄숙하고 정성과 기도하는 마음으로 헌금을 드리게 된다고 생각한다. 아울러 많은 분들이 정성껏 봉헌에 참여한다. 헌금위원은 제직들로 하여금 매월 마지막 주에 선정하여 한 달씩 담당하게 하고, 헌금바구니가 강대상 앞에서부터 시작하여 뒷좌석까지 끝나면 교역자의 지도 아래 헌금위원이 강대상으로 올리고, 설교자가 축복기도를 한다. 헌금시간에는 전 교인이 찬송을 하거나 또는 챔버 연주 속에 진행된다.

광고: 교회소식은 성도의 교제 시간으로, 먼저 성도 간에 서로 인사를 나누게 한다.

인사도 서로의 어색함을 해소시켜 주기 위해 불편하지 않도록 멘트를 한다(예: 만나서 반갑습니다. 축복합니다. 잘될 겁니다. 좋은 일이 생길 겁니다). 초신자들에게 어색한 인사(예: 사랑합니다. 전도합시다)는 피하며, 예배의 긴 시간으로부터 자연스러운 분위기를 조성하여 화기애애한 분위기를 만들어 간다.

새 가족 등록: 우리 교회는 평균적으로 매주 5-6명 정도 새 가족이 등록을 한다. 새 가족은 등록 카드를 미리 작성하여 봉헌함에 올려준다.

인도자가 호명하여 새 가족 환영가를 불러 주고, 새가족부에서 준비한 장미꽃으로 환영한다. 담임목사가 새 가족을 위해 축복기도를 하며, 예배가 끝난 후 5층 새 가족 환영실로 인도한다. 담임목사는 직접 교회를 소개하며 새 가족 성경공부를 안내하고, 전도자와 함께 기념사진을 찍는다. 사진은 교회 홈페이지와 게시판에 게시하여 성도들로 하여금 새 가족임을 알게 하고, 셀 리더 모임 시간에 프로젝트를 통하여 등록한 새 가족을 소개하고, 3개월간 얼굴을 익히도록 한 다음 시험을 본다.

교회는 행정자료 새 가족 현황에 입력해 담임목사가 언제나 확인이 가능하도록 하며, 매주일 새 가족 출결상황을 지면을 통해 보고한다. 개척할 당시는 어른 7명으로 시작된 교회였다. 지금은 장년 2천여 명의 성도와 주일학교 학생이 900명 가까이 된다. 얼굴을 모두 익히기가 쉽지 않은데, 매주 셀 리더 모임 시간에 새 가족을 소개하고 얼굴을 익히다가 주일날 만나게 되면 더욱 반갑고 새 가족들과 쉽게 교제할 수 있어서 교회와 쉽게 친숙해진다.

폐회송: 폐회송은 다 함께 일어나서 주기도문송으로 합창을 하고 예배를 마친다. 모든 선교지와 나라와 민족, 교회와 가정, 예배에 참여한 성도들을 위해 축도함으로 모든 예배 순서를 마친다.

Ⅲ.
한국 교회 미래 숲을 일구는 서문교회

― 다음 세대 1천 명 신앙공동체를 꿈꾸며

한국 교회사 중심에 자리한 교회학교는 조선에 온 선교사들이 효시이다. 당시 거리에 떠도는 아이들을 거두어 복음을 심고 교육의 혜택을 주어 사회 지도자로 양성했다. 일제 치하와 6·25 전쟁의 시기를 거치며 교회학교는 절박한 생존과 가난, 배움의 목마름이 있는 영혼에게 따뜻한 사랑과 지적인 채움, 미래를 심어 준 든든한 울타리였다.

한국 교회의 교회교육은 어려운 시절에 가정이 되고, 학교가 되고, 희망의 근거가 되었다. 한국 지도자들 중엔 교회학교를 통해 신앙을 물려받고 삶의 비전을 찾았다는 이들이 엄청 많다. 성공적인 삶을 제공한 원천이 바로 교회였다. 70년대만 해도 한국 교회는 어딜 가도 아이들이 넘쳐났다. 양적 부흥의 정점을 넘어선 1990년대를 지나면서 교회학교는 위기를 맞았다. 사회환경의 급격한 변화와 세속문화의 강력한 도전 앞에서 '어린이 없는 교회', 희망의 그루터기가 사라졌다.

아이들은 교회 주일학교를 통해 처음 사랑을 배우고, 신앙의 정체성을 전수받는다. 어린 시절 심어진 신앙의 씨앗은 평생을 사는 동안 모토가 되고, 신앙의 젖줄이 된다.

필자의 교회는 어린이·청소년과 장년 성도가 15,000명 모이는 교회로, 길지 않은 역사 속에서 놀라운 성장 역사를 써왔다. 서문교회의 성장 배경엔 열정적인 새벽예배와 셀 모임을 통한 성도들의 연합이 있다. 셀 모임을 통해 깊은 교제를 나누고, 새 신자 양육과 정착이 탄탄한 기반을 이루면서 성장의 동인이 되었다. 또한 선교원, 아동센터 등 지역사회를 향한 어린이 양육 프로그램이 전도로 연결된 좋은 사례이다. 무엇보다도 어린이 교회 1천 명의 기적은 어린이 신앙공동체를 목회의 중심사역으로 삼은 목회철학에 기인한다.

사도행전적 교회를 지향하는 우리 교회는 아파트 숲을 이룬 지역에 있지만 가족적이고 친밀감이 넘친다. 이 온기는 사랑과 봉사로 지역사회를 향해 선교의 강이 흐르게 한다. 우리 교회의 성장과 부흥의 열매를 지역 교계 연합사역에 동참시킴으로 함께 나누는 목회를 지향한다. 필자는 부천기독교총연합회 이사장, 경기기독교총연합회 상임회장, 부천생명의전화 이사장, 글로벌만나재단 운영 이사장 등 부천 지역 교계 연합사역의 중임을 맡아 헌신하고 있다. 필자에게 꿈이 있다면 한국 교회 다음 세대 미래 숲을 만들어 가는 교회의 꿈이다.

IV.
변화하는 선교, 변화하는 교회

— David J. Bosch, 《변화하고 있는 선교》 (Transforming Mission)를 중심으로[1]

저자 데이비드 보쉬(David J. Bosch)는 남아프리카 출신으로, 자신의 특수한 상황에서 개혁신학의 바탕 위에 선교학을 수립했다. 그의 선교 신학의 핵심은 '그리스도 안에 나타난 하나님의 사랑으로 이 사랑의 동인이 된 하나님 나라의 회복과 완성에 역점을 둔 것'이다. 보쉬는 토마스 쿤의 이론을 정립해 특정한 시기에 공통적으로 나타난 교회 공동체의 선교 사상을 연대기적으로 체계화했다.

---

1) David J. Bosch, 《변화하고 있는 선교》 (Transforming Mission), 김병길·장훈태 공역 (서울: 기독교문서선교회, 2000). 필자는 데이비드 보쉬의 《변화하고 있는 선교》를 읽으며 '선교적 교회'를 고민했다. 목회자와 선교사들에게 이 책을 필독서로 추천한다. 여기 데이비드 보쉬의 책의 일부를 발췌, 요약했다.

먼저, 구약성경에 나타난 선교 원리를 간략하게 고찰하고, 신약성경에 나타난 마태복음, 누가복음, 사도행전과 연결해 그 차이와 강조를 구별해 현대 신학에 나타난 다양한 학문적 본문 비평으로 선교학의 명제들을 성경적으로 입증했다. 그는 연대기적으로 선교의 패러다임을 네 시기로 구분하고 있다. 그중에 개신교 종교개혁의 패러다임에서 간과되어 왔던 종교개혁가들의 선교 사상을 학문적으로 재평가했다. 보쉬는 교회 연합으로서 선교 신학의 13가지 패러다임을 성찰해 각기 교회 연합 속에 선교 패러다임의 위험 요소들을 지적하고, 복음주의적 관점에서 대안을 제시하고 있다.

본 내용은 크게 선교 역사적 패러다임과 교회 연합 관점에서 발췌 요약한 것이다.

1. 중세 로마 가톨릭의 선교 패러다임

중세는 AD 600-1500년 사이이다. 광의적으로 중세시대는 그레고리 대제의 교황 즉위에서 이슬람 등장과 함께 시작되었다. 기독교는 적어도 300년 동안 헬라 영향권 아래 있었다. 그러나 기독교는 새로운 형태로 발전하기 시작했다. 중세시대의 주된 언어는 더 이상 헬라어가 아니라 라틴어였다.

한편, 비잔틴제국 내 동방교회의 기독론은 인간의 본성이 '교육 발전'을 통해 신적인 본성으로 상승되는 과정으로 보았다. 서방교회 기독론의 강조점은 죄의 결과와 위기 경험을 통한 타락한 인간의 복원으로 보았다. 동방교회 신학은 삼위일체론적 성육신으로 보았고, 서방교회 신학은 대속적 십자가의 죽음이었다. 그것은 죄인들을 위해 대신 죽으신 그리스도의 대속적인 죽음을 강조했다.

어거스틴은 달마티아(현, 동유럽 알바니아)의 주교 헤시키우스에 동조해 이 땅에는 아직도 복음을 알지 못하는 많은 나라들이 있기 때문에 그리스도의 대위임령이 아직 성취되지 않았다고 주장했다. 이 만민 선교 대위임령은 1792년 윌리엄 캐리가 재발견한 선교 동기와 같은 선교 동기였다.

어거스틴은 《하나님의 도성》(De Civitate Dei)에서 공존하는 두 '도성'을 묘사했다.

첫째, 하나님의 도성은 하나님과 함께 영원히 지속하지만 동시에 지상에서 '부분적으로' 하나님의 성도들의 공동체로 묘사된다.

둘째, 세속 도성은 거짓 신들을 섬기는 사람들과 정의와 평화를 위해 싸우는 사람들로 묘사된다. 어거스틴은 이 두 도시들의 공존은 신실한 증인과 예배로 부름 받은 그리스도인들에게 역동적인 상황들을 제공해 준다고 했다.

유럽 암흑시대의 사회적 혼란 가운데서도 어떻게 그리스도인의 도성이 계속 유지될 수 있었을까? 보쉬는 수도원운동(Monasticism)이 기독교의 본질을 보존했다고 주장한다.

어떻게 이방인들이 그리스도께로 올 수 있는가? AD 601년 그레고리 대제는 영국 선교사들에게 평화적이며 틀에 매이지 않는 방법으로 가르칠 것을 권고하였다. 그는 어거스틴에게 하나님을 예배하기 위한 장소로서 이교 신전도 사용할 것을 권고한다. 당시는 종족들 간에 끊임없이 전쟁이 일던 시기였으므로 직, 간접적인 전쟁 중에 예배처소가 일반화되지 않았기 때문이었다.

"길과 산울타리 가로 나가서 사람을 강권하여 데리고 오라"는 예수님의 말씀(눅 14:23)을 십자군전쟁에선 성경적인 명령으로 해석했다. "이교도들을 강제로라도 예수를 믿게 해야만 하는가?"에 대한 토마스 아퀴나스의 답변은 많은 사람들에게 영향을 미쳤다. 레이몬드 롤은 십자군운동에 반대하며 이슬람 지역 선교사로서 평생 헌신

제1장 변화(Transforming)

했다. 그는 십자군운동보다는 종교들 간의 대화가 이슬람인들과 유대인들에게 다가갈 수 있는 좀 더 좋은 방법이라고 주장했다. 십자군 정신은 11세기 예루살렘 정복부터 무슬림들을 스페인으로부터 몰아낸 15-16세기까지 '신세계' 서구 선교 정신이었다.

선교사들은 초기엔 선교지에서 식민지인들과 별도로 사역했는데, 그 후 선교 방법이 급진적으로 변했다. 예를 들면, 프랜시스 사비에르는 1540년대에 인도 서부 해안의 가난한 어촌에 복음을 전했다. 순교자들의 피가 신앙공동체 성장의 씨가 됨으로 초기 그리스도인의 모델이 되었다.

2. 개신교 종교개혁의 선교 패러다임

종교개혁자들(루터파, 칼빈파, 츠빙글리파, 재세례파)의 공통된 개신교 선교 신학은 5가지이다.

첫째, 이신칭의이다.
인간은 구원을 위해 뭔가를 해야 한다는 것에서 출발하는 것이 아니라 그리스도 안에서 이미 구원이 이루어졌다는 것에서 출발했다.

둘째, 인간의 전적 타락이다.

이미 범한 죄와 함께 시작되는 것이 아니고 인간의 본질적인 죄성으로 시작된다.

셋째, 구원은 하나님의 주권영역이다.

이 사상은 '이론적인 학문'으로 시작하는 것이 아니고 개인 신앙 체험으로 시작한다.

넷째, 사역은 성직자의 특권이 아니고 만인 제사장적이다.

다섯째, 교회생활의 중심은 교회 전통과 성례에 있는 것이 아니라 오직 성경에 있다.

결국 위대한 선교 열정은 종교개혁자들의 신학에서 나온 것은 아니다. 이미 6세기부터 16세기에 이르기까지 가톨릭 선교의 주요 수단이 되었던 수도원운동에서 나왔다. 루터는 하나님 나라의 말씀은 하나님의 행동, 믿음, 최종 계시를 통해 온다고 주장했다. 루터와 칼빈은 하나님이 이미 그리스도 안에서 구원을 성취하셨기에 선포된 말씀은 그분의 선교적 주권으로만 땅 끝까지 미친다고 보았다. 이 관점은 당시 종교개혁 과업, 불신자 접촉, 생존 싸움, 수도원 배척,

내적 분쟁과 무관치 않다.

　루터는 종말론 개혁과 기독론적 칭의를 강조했고, 칼빈은 성령과 성화, 하나님의 주권, 개인의 소명 책임론을 강조했다. 당시 스웨덴 루터파, 재침례교파, 스위스 칼빈파들은 이방인과 인접해 살았기에 교구를 넘어 대위임령(마 28:19-20)인 만인 제사장적 선교를 실행했다.

　일련의 영향이 독일 경건주의 할레와 헤른후트(주의 순례자 집)의 친첸도르프의 경건 공동체로 선교를 실천했다. 이들은 선교가 그리스도 안에서 개인 속에 역사하는 성령을 통해 이루어지는 것으로 보았다. 선교는 그리스도인의 존재 변화이며, 교파와 교구를 초월한 총체적 삶의 증거라고 보았다.

　보에티우스(Voetius)의 선교 신학을 지원 받은 청교도들은 사랑과 중생 중심으로 회심, 개척, 하나님 영광을 목표로 하는 선교 신학을 발전시켰다. 17-18세기 청교도 각성 운동은 종말적 선교와 하나님의 영광과 연관되었다. 결국 사랑과 공의의 균형을 잃은 하나님 주권사상 강조, 타락, 객관적 신앙, 식민지적 지성은 선교의 장애 요소였다.

3. 계몽주의의 영향을 받은 선교

'계몽주의 세계관의 7대 요소'는 다음과 같다. ① 이성의 으뜸 ② 주체와 객체의 분리 ③ 신앙을 의지적 인과법칙으로 대체 ④ 진보 심취 ⑤ 사실과 가치의 긴장 ⑥ 만사 해결 신념 ⑦ 해방적 자율 사상

일련의 계몽주의는 과학적 베이컨 인식론과 데카르트의 합리론을 배격했다. 당시 계몽주의 패러다임은 17-18세기에 절정에 달해 19-20세기 초까지 사회를 변화시키는 운동에 응용되었다.

계몽주의의 하나님 개념은 사실적 지식, 주객, 인과, 진보, 능력, 가치 자유, 중립, 만사 해결, 자율, 인간 이성을 강조했다. 인간은 자기 선택으로 행복과 진보를 추구하는 자유분방한 생각, 행동, 신앙을 가져야 한다고 믿었다. 이성은 신학에 영향을 주고, 종교는 과학적이고, 기독교 사회를 건설해 헤게모니를 잡아 세속사회를 포용해야 한다고 강조했다. 이 시기의 사회와 정치 변화는 선교 사상과 실천에 영향을 주었다. 계몽주의의 영향은 교회와 국가 간 변화된 관계, 사람들의 이주, 서구 식민주의와 제국주의적 팽창에 영향을 미쳤다. 가령, 덴마크, 독일, 영국의 식민 개척지는 종교, 정치, 문화의 종합적 프로그램이었다.

미국의 1차 각성운동(1726-1760년)과 2차 각성운동(1787-1825년)은 성경적 종말론 선교에 영향을 끼쳤다. 성령을 통한 구원을 체험한 복음주의자들은 낙관론으로 세계를 보았다. 여기서 미국 내 교회의 성장과 많은 선교단체들이 생긴다. 이 기간에 교회들도 다양한 선교운동으로 서로 긴장과 충돌을 일으킨 다원적인 선교 주제들로 발전했다.

3.1. 하나님의 영광

변화하는 시대에 하나님의 주권, 위임, 영광 개념은 쇠퇴하기 시작했다. 일련의 점차적인 쇠퇴는 계몽주의의 영향 때문이다. 신정정치의 이상들과 하나님의 영광의 개념은 삶의 통일성과 삶의 모든 영역에 대한 그리스도의 왕적 통치를 깊이 의식하는 신학에서만 작용할 수 있었다. 문제는 계몽주의는 하나님이 아닌 인간 이성에 중심을 두었다. 기독교 진영에서 인간의 열망들을 종교적인 용어로 표현했지만 하나님의 영광보다 인간의 우월성에 무게를 두기 시작했다. 그러므로 18세기 후반과 19세기 초에 인간 이성 강조는 그리스도의 사랑으로 변했다. 나중에 그 강조는 멸망하는 이방인들의 구원으로, 20세기 초에는 사회 복음으로 변했다. 그럼에도 선교의 동기로서 하나님의 영광의 표현은 완전하게 사라지지 않았다. 특히 20세기 중엽 이후로 사회 복음이 다시 주목을 받았다.

3.2. 예수님의 사랑에 강권함을 받아

요한네스 반 데 베르크는 고린도후서 5장 14절을 1698년부터 1815년까지 영국의 선교 각성 주제로 삼았다.

실제적 선교 동기로 이 주제는 양면성을 가지고 있다. 긍정적 선교 각성 면에서 사랑은 강력한 선교 동기가 되었다. 선교사들은 이방인들을 형제들과 자매들로 간주했다. 선교사들이 이방인들을 '진노의 자녀'로 간주했지만 이것은 강조하지 않았다. 오히려 주된 강조는 모든 사람들은 하나님의 사랑의 대상이며, 구원받을 가치가 있다는 것이었다.

처음 사랑 동기 주제가 변화했다. 사랑과 일치가 동정과 우월로 대체되었다. 19세기 초 대부분 찬송가와 신앙서적에서 이방인의 삶은 불행의 삶, 두려운 죄에 얽매인 삶으로 그려졌다. 특히 19세기에 '가난함'이란 형용사가 점점 '이방인' 명사를 수식하는 데 사용된 것은 놀랄 일이 아니다.

그리스도의 강권하는 사랑(고후 5:14)은 영적 우월감과 자문화 우월감으로 변질되었다. 이방인들이 그리스도의 사랑의 대상이 아닌 이방인들의 비참한 상태가 선교의 동기가 되었다.

19세기와 20세기의 선교적 인간애는 '예수님의 사랑에 강권함을 받은' 바울의 고백에 미달해 동기의 순수함이 훼손되었다. 분명하게 선교적인 동기가 살아 계시고 인격적인 만남이라는 영적인 경험과 죄와 은혜라는 개인적인 이해 안에서 발견되어야 하는데, 이런 선교적 동기가 계몽주의 정신으로 견디지 못했다.

3.3. 복음과 문화

서양의 과학혁명이 '기독교 문명'의 혜택의 옷을 입고 선교 현지인들에게 선교의 동기로 점차 퍼지기 시작했다. 1816년 미 해외선교 연합위원회의 총무인 새뮤얼 워스터는 이 선교 입장이 미국 선교의 목표가 되었음을 천명했다.

3.4. 선교와 명백한 표현

히만 험프리는 1819년에 샌드위치(하와이) 섬들에 파견할 개척 선교사들을 위한 파송 설교에서, 하나님은 섭리 가운데 여호와께서 이스라엘에게 약속된 땅을 소유하도록 주신 것처럼 이 섬들을 '아메리칸 이스라엘'로 주셨다는 그의 믿음을 표현했다.

3.5. 선교와 식민주의

18-19세기에는 유럽 열강의 선교사들이 미개발국인 식민지 지역

에 뒤이어 들어갔다. 선교사들은 대다수가 식민지 확장의 옹호자들 이었다. 데이비드 리빙스턴은 '검은 대륙' 아프리카 탐사를 마친 후 1860년 영국에 돌아왔을 때 '상업, 문명, 기독교화'의 동맹을 옹호했다. 이 3가지 동맹은 제국주의 영국 선교에 개신교들의 공통적 선교 동기가 되었다.

3.6. 선교와 천년왕국

중세 기독교는 종말론적 사상들이 서서히 퇴색되고 있었다. 새뮤얼 홉킨스는 나폴레옹 전쟁 기간과 유럽 대부흥 기간(1793년) 중에 선교의 글을 썼다. 그의 선교에 대한 절박성은 죄인들의 회심, 그리스도인들의 신실함, 자비가 그리스도의 재림 전에 와야 한다는 전천년설로 가득 차 있었다.

그 후 82년이 지난 1875년, '믿음 선교'의 효시인 허드슨 테일러가 중국선교회(CMI)를 창립했다. 신약성경에서 '그리스도의 임재와 강한 헌신과 섬김의 동기'와 연관 지었다.

3.7. 자발주의

개인의 속박에서 풀려난 계몽주의 사상은 자율적이고 자발적인 선교회뿐만 아니라 자율적이고 독립적인 교회를 세우는 결과를 낳게 된다. 1826년부터 1866년까지 ABC FM 사무총장을 지낸 루퍼스 앤더슨은 위 2가지(자율적 선교회, 자율적 독립 교회) 중 후자가 바울의 선교 정신과 일치한다고 했다. 1894년, 여성 선교 운동에 대하여 관심이 있던 다게트(L.H. Daggett)도 선교사역 하는 여성들을 돕기 위해 여성에 의해 조직되고 운영된 자발 정신 운동에 입각한 선교회를 세웠다.

3.8. 선교 열정: 낙관주의와 실용주의 위험

모든 문제를 해결할 수 있다는 신념에 영향을 준 계몽운동은 존 R. 모트의 선교운동의 대변자가 되었다. 그는 모두 행복감에 젖어 있던 1900년에 "세계 선교에 있어서 넘을 수 없는 장애물은 없다"고 주장했다.

3.9. 성경적인 주제

유럽 대륙에서 사라비아와 후브마이어는 주님의 대위임령을 지속적 유효성으로 주장했지만 윌리엄 캐리는 대위임령(마 28:18-20)을 중요한 성경적 선교 명령으로 공포했다. 윌리엄 캐리의 주장에 고무된 선교사들 중 한 사람이 아도니람 저드슨으로, 그는 미얀마 개척 선교사(침례교)가 되었다.

이상에서 열거한 9가지 '선교 주제들'에 대한 주의 깊은 연구가 보여주듯이, 때때로 그리스도인들은 계몽주의 영향으로 기독교 선교에 제기된 도전에 다양한 방식으로 반응했다.

결국 낙관적인 인류학이 중세 가톨릭과 개신교 종교개혁에 부정적인 인간관으로 대체되었다. 모든 인간의 '합리성'에 주어진 찬사에도 불구하고, 서구의 우월주의는 서구인들이 다른 나라 사람들보다 더 합리성이 있다고 생각했다. 이 점에선 복음주의자들과 사회 복음주의자들 사이에 큰 차이가 없었다.

주체와 객체 이분법은 상반된 방식으로 성경과 기독교 신앙이 객관화된 것을 의미했다. 자유주의자들이 하나님의 주권을 자신들의 성경해석 아래 두면서 성경으로부터 윤리적인 규칙들을 뽑은 데 반해, 근본주의자들은 성경을 우상으로 만들어 성경을 모든 상황에 기계적으로 적용하는 경향이 있었다. 두 집단은 '명백한 운명' 때문에 다른 문화 사람들을 형제자매보다는 이분법적 대상들로 대하는 경향이 있었다.

사실과 가치를 구분하는 것은 선교사역에서 '과학적인' 성질을 방어하는 시도이다. 어떤 사람들은 가시적으로 증명할 수 있는 세상적 업적들로 선교사역을 강조하였다. 다른 한편의 사람들은 영혼 구원에 전적으로 강조를 두었다. 개인들은 자유롭고, 해방되고, 자율적인 존재가 되어야 한다는 계몽주의는 개신교에서 하나님과 인간을 경쟁자로 만들었다.

선교사들 중 대부분은 계몽주의 세계관에서 자유롭지 못했다. 심지어 반 데 베르크는 '예수님의 사랑에 강권함을 받았음에도' 선교사들은 그 사랑이 항상 다른 요소들과 혼합되어 순수한 형태로 사랑을 전달하지 않았다고 했다. 과거 계몽주의는 모든 사람들에 대한 관용적 태도와 신앙에 대한 상대주의적인 태도를 낳았고, 다른 한편으로 서구의 우월감과 편견을 낳았다.

18세기 후반부터 20세기까지 서구 선교는 계몽주의에 쏟아진 엄청난 비판에도 불구하고 주목할 만한 사역을 했다. 한편 계몽주의의 영향이 모두 부정적인 것은 아니었다. 계몽주의가 없었다면 어떻게 상황이 발전했을지 상상할 필요가 없다. 핵심은 현대 선교에서 기독교 선교가 확실하게 계몽주의의 그늘에서 벗어나야 한다는 것이다.

4. 적절한 선교학을 향하여

4.1. 포스트모던 패러다임의 등장

데이비드 보쉬는 '현대 선교'는 '계몽주의'가 선교에 영향을 준 것이 아니고 포스트모더니즘이 더 영향을 주었다고 시사했다. 여기에 한 패러다임이 '포스트모던'이다.

이제 계몽주의의 7가지 주요 특징들을 제시하며 각 특징들이 포스트모던 패러다임 변화에 어떤 영향과 도전을 주었는지 고찰한다.

4.1.1. 합리성의 확대

계몽주의에 대한 5가지 신학적인 '반응들'이 있다.
첫째, 기독교는 독특한 종교적 경험으로 전파되었다.
둘째, 기독교는 단지 사적인 생활로 전파되었다.
셋째, 기독교는 과학보다 더 합리적인 것으로 전파되었다.
넷째, 기독교는 사회의 전 영역의 규칙으로 전파되었다.
다섯째, 기독교는 모든 불필요한 종교적인 부가물로부터 인류를 해방시키는 것으로 전파되었다.

보에티우스(Voetius)는 종교가 멀지 않아 소멸할 것이라는 믿음이 널리 퍼져 있다고 말했다. 그러나 종교의 소멸을 예상한 보에티우스의 믿음이 착각인 것으로 입증되었다. 20세기는 소위 세계 종교들인 이슬람교, 불교, 힌두교의 강력한 부흥을 목격했다. 동일한 현상이 기독교에서도 일어났다. 종교 부흥의 근본적인 이유는 합리성에 대한 좁은 계몽주의 사고가 결국 인생을 세우기에 불충분한 모퉁잇돌로 밝혀졌다는 사실이다. 합리성에 부여된 객관주의적인 틀은 인간의 탐구를 가로막는 영향을 주었다. 그것은 파괴적인 축소주의와 인간의 발육 부진을 낳았다. 결국 합리성은 확대되어야 한다. 그것을 확대시키는 한 방법은 언어가 절대적으로 정확할 수 없다는 것과 과학적인 법이나 신학적인 진리들을 '정의하는 것'이 불가능하다는 것을 인식한 것이다.

계몽주의의 축소주의는 배척해야 한다. 포스트모더니즘은 과학이 본질적으로 기독교 신앙에 적대적이 아니라는 것을 말한다. 이 과학 세계가 더 이상 신앙과 이성 간에, 종교와 과학 간에 긴장이 없다고 이해해선 안 된다. 과학과 인간의 이성이 하나님보다 우위에 있다고 주장한다면 배격해야 한다.

4.1.2. 주체와 객체 구조를 넘어서

계몽주의에 의해 옹호된 자연 지배와 객체화된 물질세계를 인간

지성과 의지에 예속시킨 것은 파괴적인 결과를 초래했다. 데카르트 학파의 파괴적인 결과는 오늘날의 생태계 위기를 초래하였다. 지구를 무감각한 대상으로 다룸으로써 지구를 파괴했다.

이와 같이 기본적인 방향 전환이 요청된다. 지구를 분석적으로 보기보다 전체적으로 사고해야 하며, 거리보다는 통합을 강조하고, 지성과 몸, 주체와 객체의 이원론을 부수고 '공생'을 강조해야 한다.

중세사에서 교회 선교적인 실존에 이 모든 것은 심오한 영향을 미쳤다. 그것은 자연이 다른 사람들에 의해서 조정되고 착취될 수 있는 단순한 대상으로 간주될 수 없다는 것을 의미한다. 이 세계와 자연 질서 체계는 변증적인 긴장을 가지고 있는 하나님의 통치로 보아야 한다.

4.1.3. 목적론적인 차원에 대한 재발견

계몽주의 패러다임이 선택한 우주 목적과 신적인 추론은 궁극적으로 우주를 무의미하게 만들었다. 결국 인간은 창조의 의미와 목적과 희망 없이는 삶을 계속 살 수 없다.

19세기 말과 20세기에는 비종말론적인 신학에서 종말론적인 신학으로 이동하는 근본적인 변화가 발생했다. 이것은 불변하는 법칙들과 예상할 수 있는 결과가 되어야 한다는 관념과의 근본적인 결별을 의미한다. 변화의 개념은 소외된 사람들 속에 거의 무한한 희망을 창조하고 있다. 오랫동안 엄격한 인과율의 사고의 논리에 의해 잠복되었던 회개, 비전, 책임, 과거의 세계관의 교정의 개념들이 다시 등장해 기독교 선교에 새로운 적절성을 부여할 뿐만 아니라 오랫동안 모든 희망을 상실한 사람들에게 영감을 주었다.

4.1.4. 발전 사고에 대한 도전

서구 열강의 식민지 확장 계획을 일으킨 것은 대체로 계몽주의 발전에서 기인되었다. 그러나 '호의적인 식민주의' 정책은 부분적으로 기독교 선교사역에 의해 산출되었다. '발전' 계획도 마찬가지였다.

제3세계 나라들이 발전적 개념의 계몽주의 전제들을 배척한 것은 이상한 일이 아니다. 발전주의(데사롤리스모)는 라틴아메리카에서 조소의 의미로 사용된다. 다시 말해, 발전은 잘못 유포된 악의 뿌리들을 공격하지 않고 단지 혼돈과 좌절을 유발시킨다는 의미이다. '합리성과 효과성'과 발전은 그것이 제3세계 내에 있는 문화와 인간성의 본질적인 능력을 못 쓰게 했다.

저개발은 발전을 향한 예비적인 단계가 아닌 그 자체의 결과였다. 일련의 대안으로 계몽주의 사상에 깊게 물든 사람들이 후진성과 현대성 간의 관계가 아닌 의존과 해방 간의 관계를 가지고 왔다. 문제는 해방 모델이 현대화 모델이 겪은 계몽주의를 쇠약하게 하는 영향에서 완전히 벗어날 수 없었다는 것이다. 해방 모델이 분명히 정당화된다 할지라도 여전히 권력 있는 사람들에게 이전이 된다면 인간의 내재된 선이 계몽주의 전제들에 기초할 것임이 자명하다.

4.1.5. 신앙적인 틀

계몽주의 패러다임에서 근본적인 전제는 사실과 가치 간의 철저한 구분이었다. 이 전체의 구조는 붕괴되었다. 이데올로기들은 종교의 역할을 하고 있고, 더 정확하게 종교의 대체물이었다. 레이모딘(Raymodin)에 의하면, 그것들은 "지성인들의 아편이다"라고 했다. 신앙은 변할 수 있다. 그러나 아무도 완전히 신앙 없는 사람은 없다. 주어진 패러다임의 방식 속에서 살고 생각하는 한 그 패러다임은 모든 실재가 해석되는 개연성 구조를 제공한다. 그 패러다임은 종교 또는 이데올로기가 될 수 있다.

객관주의나 절대주의의 대안이 반드시 주관주의나 사대주의가 되어선 안 된다. 폴라니는 '신앙적인 틀'을 인정하는 것이 비합리적인 입장의 채택을 말하는 것이 아니라고 주장했다. 참된 기독교적인 입장은 겸손과 자기 비판의 입장이 있어야 한다. 계몽주의 이후에 '신앙적인 틀'을 비판하지 않고 진리를 생각하는 것과 다를 수 있다는 것은 무책임한 것이다.

기독교 신앙의 기초는 합리주의자들의 종교에 대한 오랜 공격이 있었음을 인식해야 한다. 이 인식은 타 종교인들에 대한 기독교 선교와 선교사 사역에 중요하다.

4.1.6. 순화된 낙관주의

계몽주의 세계관의 다른 요소는 모든 문제들이 인간의 힘으로 원칙적으로 해결가능하다는 믿음에 있다. 모든 사람이 평화, 자유와 정의를 누리게 될 통일된 세계에 대한 꿈은 갈등, 억압과 부정의 악몽으로 변할 수 있다고 말한다. 세상 모든 사람들은 삶의 새로운 의미를 찾고 있다. 이것이 기독교 교회와 선교에 다시 한 번 단호하게 하나님의 통치의 비전을 제시할 수 있는 기회이다. 그것이 계몽주의 낙관주의와 반계몽주의 비관주의를 넘는 길이다.

4.1.7. 상호의존을 향하여

계몽주의 신조는 모든 개인은 다른 사람들이 어떻게 생각하고 말하든 상관없이 자신의 행복을 추구할 자유가 있다고 가르쳤다. 이 전체 접근은 파괴적인 결과들을 낳았다. 소위 현대 자유주의자들이 다른 사람들을 진지하게 대하지 않았다. 모든 사람들은 "심연을 들여다보지 못할 정도로 노동과 오락에 열중하면서" 그들의 인생을 보낸다. 인간의 자율성의 거짓된 교리의 지배를 종식시키고 인간의 본질적 회복을 위해 두 가지 일이 필요하다.

첫째, 확신과 신앙의 필요성을 다시 긍정해야 한다.

둘째, 연합, 상호 의존, 이 '공생'으로 회복이 필요하다.

개인은 유기체의 일부분이다. '분리 심리학'은 '참여 인식론'에게 자리를 내어주어야 한다. '자신의 세대'는 '우리 세대'에 의해 대체되어야 한다. 계몽주의의 '도구적인' 이성은 '교통적인' 이성으로 보충되어야 한다. 여기에 그리스도 몸인 교회와 공동 운명 공동체인 교회가 기독교 선교의 재발견이 된다.

4.2. 시험 중에 있는 선교

다양한 다른 학문-자연과학, 사회과학, 철학, 역사-은 신학 사상에 지속적인 영향을 미쳤다. 일련의 다양한 학문이 교회와 선교와 신학에도 큰 영향을 미쳤다. 전통적인 선교 현장에서 서구 선교사들의 위상은 다양한 학문들로 인해 근본적인 수정이 요구되었다. 더 이상 서구 선교사들을 서구의 대사로서 인정하지 않는다. 특히 이슬람교는 세계의 여러 지역에서 강력한 저항세력이며, 예전보다 훨씬 더 기독교 선교에 저항하고 있다.

서구 교회가 어떻게 과거의 잘못을 회개할 수 있을까? 어떻게 교회가 선교적 성질과 소명의 본질을 재발견할 수 있을까? 교회는 단지 방어만 해야 하는가? 일련의 일들을 고찰해야 할 문제 앞에 서 있다. 회개는 선교적 교회가 과거에 직면했던 것과 근본적으로 다른 세계를 맞이하고 있음을 인정해야 한다. 이 자체만으로도 새로운 선교 패러다임이 요구된다.

시험 중에 선교 논지는 종교 분야에서 항상 패러다임의 연속성 변화, 과거에 대한 신실성과 미래의 담대함, 지속성과 변혁을 요구한다.

이 연구에서 토론된 패러다임 변화는 근본적으로 다른 모델을 시사한다. 새로운 상황과 선교의 참된 본질을 위해서 현대 선교를 새로운 방식으로 이해해야 한다. 이런 부상하는 선교 패러다임 속에서 원심력과 구심력, 다양성과 통일성, 분화와 통합, 다원주의와 배타주의가 전체적으로 고려되어야 할 것이다. 부상하는 포스트모던 패러다임은 통일성의 비전과 다양성의 비전 중 어느 것을 선포해야 하는가? 그것은 분화와 통합 중 어느 것을 강조해야 하는가? 배타적인 것과 다원주의적인 것 중 어느 것인가? 분명한 것은 전환기엔 단정적인 언어를 사용하는 것은 위험하며, 부상하는 패러다임의 전체적인 특징을 식별하는 것이 중요하다.

4.3. 부상하는 에큐메니칼 선교 패러다임 요소들

현재 변화하는 선교 패러다임 요소 가운데 3가지 방향 속에서 선교적 교회의 역할이 무엇인지 설명하고자 한다.

4.3.1. 다른 사람들과 함께하는 교회로서의 선교

4.3.1.1. 교회와 선교: 교회와 선교의 관계는 교회가 선교의 자발적 참여자가 되어야 한다.

19세기 교회에 대한 주된 강조는 외적이고, 법률적이고, 제도적인 것이었다. 20세기는 교회에 대한 강조 방향에 변화를 가져왔다. 개신교는 종종 교회를 크고 명목적인 교회, 에클레시아 안에서 참된 교회를 구분했다. 공식적인 교회가 아닌 에클레시아가 선교의 참된 수행자로서 간주되는 경향이 있었다. 점차적으로 가톨릭과 개신교 내에서는 교회와 선교의 관계에 대한 인식에서 근본적인 변화가 일어났다. 여기에서 온 인식 변화는 이렇다. '교회와 선교의 관계는 교회가 선교의 자발적 참여자가 되어야 한다.'

4.3.1.2. 교회 선교부와 현지 교회 간의 관계는 '하나님의 선교' (Missio Dei)의 협력으로 전환된다.

교회와 선교의 관계에 대한 개신교 교회의 변화들을 이해하기 위해 세계 선교회의 주된 관심들을 살펴보면, 에딘버러에서 주된 관심은 서구 교회들의 선교적 열정이었다. 세계선교협의회(IMC)의 예루살렘 회의(1928년)는 '기존 교회들'과 '개척 교회들' 간의 관계가 상당한 주목을 받았다. 1938년 탐바람 회의는 교회와 선교 간의 관계를 토론했으며, 교회의 본질적인 의무는 그리스도의 대사가 되는 것임을 명백히 천명했다.

1948년에는 세계교회협의회(WCC)가 조직되었고, 윌링겐 회의에서는 교회는 선교의 출발점이나 목표가 아니라는 인식이 일어났다. 그것은 하나님의 구원사역은 교회와 선교에 선행되며, 선교를 교회에 또는 교회를 선교에 예속시켜서는 안 된다는 것이다. 둘 다 포괄적인 개념인 '하나님의 선교'(Missio Dei) 속에 흡수되어야 하고, '하나님의 선교'의 협력으로 전환되어야 한다.

4.3.1.3. 본질상 선교적: 교회는 본질적으로 선교적이다.

교회의 본질은 파송을 받고 선교를 위해 세워지는 데 있다. 결국 교회론은 선교학에 선행하지 않는다. 교회는 선교적이며 동시에 선교하는 것이다. 지역 교회의 삶의 선교적인 차원은 참으로 '예배하는 공동체'일 때 나타난다.

4.3.1.4. 하나님의 순례하는 백성: 교회는 하나님의 순례 백성이다.

교회는 하나님의 백성으로 암시적으로 순례하는 교회로 간주된다. 세상에서 순례자가 된다는 것은 본질적으로 교회의 탈중심적인 위치에 속한다. 그것은 세상에서 부름 받고 다시 세상으로 파송되는 '에클레시아'이다. 하나님의 순례하는 백성들은 그곳에 도달하려는 것을 도와주고 그 목적지를 향해 가는 것이다.

4.3.1.5. 성례, 표적과 도구: 교회는 구원 연합, 가시적 성례, 천국의 표적, 성화의 도구이다.

현대 교회론에서 교회는 성례, 표적, 도구로써 인식되며, 교회와 세상 간의 관계에 대한 새로운 이해를 가져왔다. 가스만은 이것을 다음과 같이 언급했다. 에큐메니칼 논쟁에서 성례, 표적, 도구 용어들의 교회론적인 활용에 대한 넓은 인정은 이 용어가 하나님의 구원계획 속에서 교회의 위치와 소명, 그리고 그 통일성을 묘사하는데 도움이 되는 것으로 밝혔다.

4.3.1.6. 교회와 세상: 선교는 하나님의 세상으로 향하시는 생명공급이다.

수세기 동안 교회는 독자적인 세상이었으며, 선교는 교회를 재생산하는 과정이었다. 그러나 세상을 향한 교회의 본질적인 방향성이 개신교에서 널리 수용된 것은 2차 대전 직후였다. 교회는 세상의 정복자로서 세상과 연대성을 가진 교회가 되었다.

4.3.1.7. 지역 교회의 재발견: 지역 교회는 선교의 주역이다.

선교적 교회는 세상에 있는 모든 곳의 지역 교회이다. IMC 예루살렘 회의와 탐바람 회의 이후로 개신교 선교에서 변화가 일어났다. 타자를 위한 교회는 타자와 함께하는 교회로 전환이 일어났으며, 선교는 더 이상 서양에서 제3세계로의 일방통행으로 간주되는 것이 아니라 모든 지역 교회가 선교적 교회로 이해되었다.

동시에 가톨릭은 개신교보다 더 분명하게 보편 교회와 지역 교회들 간의 본질적인 관련성을 인정하는 경향이 있었다. 교회는 각 지역 교회가 다른 지역 교회들의 필요를 알고 그들과 함께 영적, 물적인 것을 나누어야 한다. 이런 의미에서 지역 교회들 간에 가족이다. 이러한 선교의 주된 기관으로서 지역 교회에 대한 재발견은 선교사들과 선교기관들의 목적과 역할에 대한 근본적인 이해를 낳았다.

4.3.1.8. 창조적인 긴장: '선교가 개인 구원이냐, 사회 평화냐?'란 창조적 긴장이 생긴다.

한쪽에선 교회는 자신의 구원의 소식을 독점하고 그것을 유일하게 전달하는 자로 인식했다. 다른 한쪽에선 교회는 자신을 기껏해야 세상에 대한 하나님의 활동의 예시로써 간주한다. 첫째 모델을 선택할 경우 교회는 지상에 있는 하나님 통치의 부분적인 실현으로, 선교는 회심자들이 영원한 죽음에서 생명으로 옮겨진 바 되는 활동으로 간주된다. 둘째 모델 인식을 선택할 경우에 교회는 기껏해야 하나님께서 세상에서 활동하시는 방식에 대한 지시자일 뿐이며, 선교는 사회의 인간화를 향한 기여로 간주된다. 문제는 두 견해들 간의 긴장이 파괴적이기보다 창조적인 것이 되는 방식으로 그 두 견해들을 통합할 수 없는 경우에 발생한다. 그러한 통합은 거의 성취되지 않고 있다.

선교의 목표는 유럽의 샬롬으로부터 북미 선교는 인간화로 정해졌다. 호켄다이크는 샬롬을 세속화된 개념, 사회적 사건, 인간 상호 간의 관계 속의 사건으로 불렀다. 호켄다이크의 견해는 WCC 진영에서 공인된 견해가 되었고, 선교는 "사람들이 이 세상과 관련하여 하나님과 협력할 수 있는 모든 가능한 방법들을 위한 포괄적인 용어"가 되었다.

교회와 선교의 진영에서 뉴델리(1961년)와 IMC의 WCC로의 통합은 기존 교회들과 개척교회들 간의 관계에 완전히 새로운 협정을 약속으로 보였다. 가톨릭에선 이러한 일들이 제2바티칸 공의회 이후 시기(1962년)에 이루어졌다.

문제는 교회가 지나치게 기대감과 도취감으로 신앙보다 인간화의 낙관주의에서 나온 것이라는 데 있다. 교회의 소명을 세상과 세상의 의제와 거의 완전히 동일시함으로써 결국 교회가 세상의 문제를 해결하지 못하고 결과적으로 많은 사람들이 교회에 대해 실망하고 교회를 소모적인 것으로 간주하였다. 1970년 중반이 되자 경험적인 교회를 비판하는 많은 신학자들은 선교가 교회적인 범주로 이해되지 않는다면 선교를 세상을 향한 책임과 세상과의 연대로 말하는 것이 불가능하다는 견해를 확고하게 고수했다.

기독교 선교는 항상 기독론적이고 성령론적이어야 한다. 선교는 교회의 예배와 말씀과 성례에 근거한다. 교회를 두 가지 초점을 가진 차원으로 간주할 수 있다. 첫째, 교회는 그 삶의 원천을 인식한다. 이것이 예배와 기도가 강조되는 지점이다. 둘째, 교회는 세상과 만나고 도전한다. 여기에서는 섬김, 선교, 복음이 강조된다.

1952년 룬드 회의는 그것을 잘 표현했다: "교회는 항상, 그리고 동시에 세상에서 부름 받고 세상으로 파송 받는다." 설교와 성례의 시행은 사람들을 회개로, 세례로, 교회의 회원으로, 그리고 세상 안에 있는 하나님의 활동에의 참여로 초대한다. 이것은 교회가 세상 속에 있으면서도 동시에 세상과 다른 존재가 될 때에만 교회는 선교적이 될 수 있다.

교회와 세상 사이엔 미숙한 통합과 혼돈이 있어선 안 된다. 증거하고 섬기는 교회는 강하게 성령의 인도하심을 받을 때만 존재할 수 있다. 교회는 개혁과 갱신이 필요하며, 교회는 그 자체가 회개와 변화의 필요성이 있는 미시오 데이의 대상이다. 기독교 공동체와 실제 기독교 공동체 사이에는 지속적인 긴장이 있다. 교회가 그 자신의 삶을 인류 공동체와 떨어진 채 의미 있는 것으로 간주하려고 시도하자마자 곧 교회는 그 존재의 주된 목적을 저버린다. 교회는 세상과 완전히 달라야 한다. 이것 없이는 교회는 세상을 위해 사역하는 것을 중단해야 한다.

4.3.2. 미시오 데이(Missio Dei)로서의 선교

지난 반세기 동안 하나님의 선교로서 선교를 이해하는 미미하지만 결정적인 변화들이 있었다. 제1차 세계대전 이후 선교학자들은 성경 신학과 조직신학의 발전들을 주목하기 시작했다. 1932년 브란덴부르크 선교대회에서 칼 바르트는 선교를 하나님의 활동으로 규정한 첫 신학자들 중 하나였다.

미시오 데이의 개념이 처음으로 분명하게 나타난 것은 IMC 윌링겐 회의(1952년)였다. 선교는 하나님의 본성에서 유래하는 것으로 이해되었다. 선교는 교회론이나 구원론이 아닌 삼위일체의 맥락 속에 있다. 윌링겐의 선교 현장은 하나님의 파송에 참여하는 것이 선교였다. 선교는 결코 독자성을 가지지 않는다. 단지 파송하는 성부 하나님의 손에서만 그것은 진실로 선교로 불릴 수 있다. 선교의 주도권은 하나님에게서만 오기 때문이다.

하나님은 선교적 하나님이시다. 세상에 성취할 구원의 사명을 가진 것은 교회가 아니다. 선교는 교회를 포함해 성부 성자 성령의 선교이다. 교회는 그 선교를 위한 도구로 간주된다. 선교가 있기 때문에 교회가 있다. 선교에 참여하는 것은 하나님이 파송하는 사랑의 원천이기 때문에, 사람들을 향한 하나님의 사랑의 운동에 동참하는 것이다.

미시오네스(에클레시아: 교회의 선교활동)의 주된 목적은 교회 개척이나 영혼 구원이 될 수 없다. 오히려 그것은 세상 속에서 하나님을 대표하고 하나님을 지시하고 현현을 기념하면서 세상의 눈앞에 성자 하나님을 세움으로써 하나님의 선교에 봉사하는 것이 되어야 한다. 그 선교에서 교회는 하나님의 통치의 약속의 충만함을 증거하고, 그 통치와 어둠과 악의 권세 간의 지속적인 투쟁에 참여하는 것이다. 미시오 데이는 하나님의 활동으로 교회와 세상을 포함해 그 활동에 참여할 특권을 받는다.

4.3.3. 구원을 중재하는 것으로서의 선교

4.3.3.1. 전통적인 구원 해석들

교회와 선교 간의 관계 이해와 관련해서 패러다임의 변화가 있었던 것처럼, 또한 교회가 선교에서 중재해야 했던 구원의 성질 이해에서도 변화들이 있었다. 초대교회의 선교에 대한 이해는 구원이 포괄적인 용어로 해석되었다. 바울은 구원의 첫 성질을 강조하며 구원은 살아 계신 그리스도와의 만남으로 시작되는 과정으로 이해했다.

4.3.3.2. 현대 패러다임의 구원

계몽주의의 등장과 함께 구원 해석은 심각한 비판을 받았다. 그 결과 전통적인 구원론은 점점 도전을 받았다. 현대주의 도전에 대한 교회와 선교의 반응은 일반적으로 말해 두 가지였다. 첫째 반응은 계몽주의 도전을 무시하고 전혀 아무 일도 변하지 않은 것처럼 계속 나아가면서 구원을 전통적으로 정의하는 것이었다. 둘째 반응은 구원 이해와 관련해서 현대주의의 도전들을 진지하게 받아들이기로 시도한 것이었다.

이 패러다임에서 죄책과 구원은 더 이상 하나님과 사람을 나누거나 연합시키지 않고 인간 상호간에만 적용된다. 사람들이 상호 의지하고 모든 개인들이 상호 관계의 그물 속에 존재하는 세상에서 구원을 개인과 하나님의 관계에만 제한하는 것은 전적으로 유지될 수 없다. 인간에 대한 관심, 기근, 병, 무의미 정복에 대한 관심은 소원하고 힘쓰는 구원의 일부분이다.

4.3.3.3. 현대의 구원 이해와 위기

1970년대에는 해방신학자의 구원의 정의뿐만 아니라 세속주의자의 구원 정의도 비판을 받았다. 이것은 기술적인, 과학적인 지식이 돌이킬 수 없는 생태계의 파괴를 가져왔으며, 미래의 천국에 대한 꿈들이 핵 폭발의 방사능 속에서 사라지고 있다. 이러한 일련의 상황에서 구원론의 필수 불가결한 요소가 항상 충분하게 나타난 것은 아니다. 현대 패러다임의 피할 수 없는 결과는 세상의 필요들과 해결책들은 어느 정도 예수 그리스도와 독립된 관점에서 묘사되고 있다는 것이다.

구원과 복지는 비록 밀접하게 연결되어 있다고 할지라도 완전히 일치하지 않는다. 기독교 신앙은 결정적인 요소이며, 하나님의 통치는 결정적인 범주이며, 기독교 복음은 현대의 해방운동들의 의제와 동일하지 않다. 그리스도 구원은 인간 사회가 치유된 세계로 가는 맥락 속에서의 구원이다.

4.3.3.4. 포괄적인 구원으로서의 선교

오늘날 진보진영 선교에서 '포괄적인', '전체적인', '보편적인' 구원의 중재가 점점 선교의 목적으로 인식되고 있어 전통적인 선교와 이원화 현상을 보이고 있다.

구원의 본질은 선교의 범위가 전통적으로 생각되었던 것보다 더 포괄적이어야 한다. 선교는 구원을 제공하는 하나님과 그 구원을 갈망하는 세상 간의 계속되는 대화에 참여하는 것을 의미한다.

4.3.3.5. 정의를 위한 추구로서의 선교

기독교 선교의 복음적 추구와 사회적 추구의 관계는 선교 신학 이론 정립에 어려운 영역 중 하나이다. 사회정의는 구약성경의 선지자들 중심에 있었다. 그러나 초대교회가 선교하기 시작한 사회 정치적인 맥락은 근본적으로 달랐다. 로마제국에서 기독교는 불법 집단이었다.

계몽주의 등장과 이성주의 사상들은 공적 세계와 사적 세계의 철저한 이원화를 가져왔고, 교회와 국가의 유기적인 연결을 분리시켰다. 교회는 더 이상 공유된 믿음의 기초에서 국가에 호소할 수 없었다.

1900년 이후에 사회 복음은 "영원한 구원의 소식의 적절성을 무시하는 배타적인 방식"으로 사회적 관심을 강조했다. 제네바 교회와 WCC 웁살라 총회(1968년), CWME 방콕 회의(1973년)는 다시 사회 복음이 하나님의 선교에 속하는지 여부를 판단하는 시금석으로 분별함이 없이 "정치적인 운동의 총괄적인 인정" 쪽으로 선회했다.

복음과 사회적인 책임 간의 관계의 수수께끼를 해결하려는 한 시도는 두 가지 다른 명령들로, 하나는 영적인 명령과 다른 하나는 사회적 명령으로 구분되었다. 첫째는 예수 그리스도를 통한 구원의 복음을 전하는 대위임령이다. 둘째는 그리스도인들에게 인간 복지와 정의를 위한 사역으로 인간사회 속에 책임 있게 참여하도록 하는 것이다. 결국 영적 복음과 물질적인 복음은 예수 안에서 한 복음이다. 복음화와 인간화 간의 내적 회심과 물질 상태의 개선은 수직적인 믿음의 차원과 수평적인 사랑의 차원으로서 서로 분리될 수 없다.

4.3.3.6. 복음으로서의 선교

선교와 복음은 동의어가 아니지만 신학과 실천에서 불가분의 관계에 있다.

첫째, 선교는 복음보다 더 넓은 것이다.

선교는 하나님께서 세상의 구원을 위해 교회에게 맡기신 것으로 사랑하고, 설교하고, 가르치고, 치료하기 위해 교회가 세상에 파송된 것이다. 복음은 선교와 동일시되어서는 안 된다.

둘째, 복음은 교회활동의 본질적인 차원으로 간주될 수 있다.
교회는 선교의 중심과 심장에 있다.

셋째, 복음은 하나님께서 행하셨고, 행하고 계시고, 행하실 것에 대한 증거를 반응하는 것이다.
교회가 회개와 믿음의 중심성을 제거하는 것은 복음에서 그 의미를 제거하는 것이다.

넷째, 복음은 항상 초청이다.
복음화란 의미는 기쁨을 전달하는 것이다. 그것은 긍정적인 메시지를 전달하는 것이다.

다섯째, 복음화하는 사람은 증인이지 심판자가 아니다.

여섯째, 복음 증거의 성질과 효과에 대해 신중해야 한다.

일곱째, 복음은 복음화하는 공동체가 기독교 신앙의 가시적인 표현이 된다.
복음은 인간에게 구원을 주는 현재의 선물이며 동시에 영원한 행복의 보장을 제공한다.

여덟째, 복음은 개종이 아니고, 복음은 교회 확장이 아니다.

아홉째, 복음은 단지 사람들이 들을 수 있고 반응할 수 있으며, 인격적인 차원을 가진다.

열째, 참된 복음은 항상 상황적이며, 복음은 설교와 정의 실천과 분리될 수 없다.
복음은 사람들을 선교에로 부르고 있다.

4.3.3.7. 상황화로서의 선교

상황화 신학은 1979년을 기점으로 문화적 적응 '토착화'와 사회경제적인 '상황화'로 표현된다. 동방교회는 정통에서 떠나면서 신경들(creeds)로 이단을 규정한 반면에 로마 가톨릭은 교회의 전통을 더했다. 계몽주의는 경험과 과학적, 이성적 신학 자체가 지식에 근거했다. 여기에 슐라이어마허는 교회 삶의 경험과 정황을 부각시킨다. 이 상황이 인식되는 곳에서 20세기 역사, 양식 비평, 문학비평을 넘어서 정치 경제와 해방신학이 시작된다.

상황화 신학자들은 전통신학들과 비교하며 인식론적인 단절을 구성한다고 주장한다. 결국 상황화 신학의 인식론적 이탈은 사회과학 아래서 문화 신학과 행동 신학을 낳았다. 이 상황화 패러다임은 서구 신학 의심, 수평적 세상으로 경험적 행동 해석으로 특징되었다. 상황화 신학은 실천이나 경험으로부터 그 해석학 순환은 이론 프락시스(Praxis)와 정통 프락시스 사이에 대립관계가 되었다.

상황화의 모호성은 아래와 같다.
첫째, 상황화로서의 선교는 하나님께서 세상으로 향하신 것에 대한 긍정이다.

둘째, 다양한 지역 신학들의 구성을 포함한다.
한편 상황화는 모든 신학의 실험적이고 우연한 성질을 가진다. 상황신학자들은 모든 것이 올바르게 포용적이고 타당한 체계 속에 들어맞는 조직신학들을 사용하길 거절한다.

셋째, 각 상황화 신학은 상대주의적 위험과 절대주의적 위험이 있다.

넷째, 상황이 부인할 수 없는 결정적인 성질과 역할을 가졌다 할지라도 상황이 신학적 반성을 위한 유일한 권위로 여겨져선 안 된다.

다섯째, 상황화 신학의 좋은 모델은 창조적인 긴장 속에서 이론과 실천-믿음, 소망, 사랑--을 함께 붙잡아야 한다.

4.3.3.8. 해방으로서의 선교

해방신학은 다양한 현상으로 미국은 흑인신학으로, 라틴아메리카는 여성신학으로, 남아프리카도 흑인신학으로서, 아프리카, 아시아 남태평양의 다른 지역은 다양한 유사 신학 운동들로 나타난다. 해방신학은 과학기술 발전에서 반동작용으로 다원적이고 제3세계적이다. 인도 탐바람 선교대회는 제3세계 정치, 경제, 종교 구조를 최초로 부각시켰다.

1960년대 과학기술과 세속화의 영향으로 70년대 사회 정치 구조 반동으로 나온 WCC 해방신학은 구원을 가난한 자의 해방으로 연결시켰다. 이 신학 모델은 선교 신학에 영향을 미쳐 에큐메니칼, 가톨릭, 정교회, 복음주의 좌파들이 수용해 선교에 가난한 자의 생활 문제를 대두시켰다. 결국 서구 자유주의의 해방신학은 현대세속신학이 되었다. 상황화 신학과 해방신학은 기독교 복음을 공산주의 막스의 이데올로기로 변질시켰다.

해방신학의 해답은 신앙생활과 행동신학의 보완이 요구된다. 믿음과 삶은 분리될 수 없다. 해방신학은 3가지 다른 차원에서 효과가 나타난다.

첫째, 억압과 소외의 사회적인 상황들로부터 나타난다. 둘째, 모든 종류의 개인적인 예속으로부터 나타난다. 셋째, 하나님과 다른 사람과의 교제를 방해하는 죄로부터 나타난다.

4.3.3.9. 문화화로서의 선교

문화화 신학은 상황화 신학 다음으로 나타났다. 문화화 신학은 해방신학과 같이 최근에 발생했다. 이것은 기독교 신앙이 문화 속에 '반역된' 것이 아니면 결코 존재하지 않는다고 주장한다. 문화화 신학은 개신교와 가톨릭 모두 역사적 식민주의를 수정하고자 하는 - 형태상 상황화 영향을 받아 현지 문화 3자(자급, 자전, 자치) - 관점에서 나타난 현상이다.

1960년대까지 유럽 중심적인 세계에서 인류 중심적인 세계로의 결정적인 변화가 서구 사람들의 생각 속에서 일어났다. 여기에 서구 교회들은 점점 개척교회들의 견해들과 발전들을 인정하게 되었다. 문화화는 단지 지역적인 사건이 아니다. 그것은 지역적인 대상황적이고 대문화적인 표현을 띠고 있다. 20세기 선교에서 문화 관계는 자율적, 상호 보존적, 자신학적이다. 문화화는 인류학의 도움으로 지역 상황을 강조해 성육신, 복음과 문화의 기독론적 상호작용으로 발전되고 있다.

문화화는 또한 비판적인 한계를 가진다. 문화화의 한계는 과정적 토착 원리와 순간적 순례 원리가 혼합, 항구적 동형화, 다원 지역 신학화이다. 문화화는 임시적, 지속적인 과정이다. 왜냐하면 문화들은 정적이지 않을 뿐만 아니라 교회는 이전에 알려지지 않은 신앙의 신비들을 발견하도록 인도되기 때문이다. 기독교 메시지와 문화 간의 관계성은 창조적이고 역동적인 관계이며, 놀라움으로 가득 차 있다. 문화화는 문화의 다양성 안에 있는 복음의 통일성을 추구한다.

4.3.3.10. 공동 증거로서의 선교

개신교 선교에서 에큐메니칼 개념은 다양한 각성과 함께 서구 교회들이 세계 선교에 직접적으로 참여하게 되었다. 특별히 에큐메니칼 정신이 꽃을 피운 것은 해외 선교 운동(SMM)에서 출범한다.

19세기 말에 개신교에서 발전한 교회 일치 운동의 유일한 새 형태는 루터교, 장로교, 감리교, 성공회 교단들의 국제적인 연합이었다. 이것은 선교 현장의 필요에 의해 발전하기 시작했다.

제1장 변화(Transforming)

1910년 에딘버러 선교대회는 교회 연합과 선교 연합이다. 1921년 IMC(국제선교협의회의)의 창설에서 1961년 IMC와 WCC의 통합 이후 1989년 미 안토니오 대회까지 교회의 구조적 통합 기조를 유지했다. 많은 복음적 기관들은 IMC가 WCC로 통합된 뉴델리 대회 이후에 좌경화되는 에큐메니칼 운동에서 탈퇴했다.

제2바티칸 공의회 이후로 선교 없이 교회를 말하는 것은 불가능해졌다. 이것은 대단한 패러다임의 변화이고, 새로운 자기 이해 때문이다. 그것은 관용과 무관심과 상대주의의 결과가 아닌, 세상에서 그리스도인 됨에 대한 새로운 이해의 결과이다.

새로운 패러다임이 몇 가지 나타났다.
첫째, 선교와 통일성 간의 상호 병렬은 비타협적이다.
둘째, 선교와 진리의 통일성을 둘 다 견지하는 것은 긴장을 전제한다.
셋째, 연합 선교는 교회와 선교의 본질적인 것이다.
넷째, 통일성 선교는 파송교회와 파송 받는 선교사의 구분이 없는 것을 의미한다.
다섯째, 궁극적으로 통일성 선교는 단지 교회만을 섬기는 것이 아닌 교회를 통해서 인류를 섬기며, 그리스도의 우주적인 통치를 표현한다.

여섯째, 교회의 통일성 상실은 고통이 아닌 죄임을 고백해야 한다.

4.3.3.11. 하나님의 전체 백성들에 의한 사역으로서의 선교

개신교는 루터가 만인 제사직의 개념을 재발견한 후로 그리스도의 삼중직—왕, 선지자, 제사장—목사, 장로, 집사—으로 구체화했다. 만인 제사직에서 사회변화와 오순절 운동과 함께 평신도 선교로 발전된다.

선교는 교황이나 선교회의에서 나오는 것이 아니고, 말씀과 성례로 함께 모이고 세상으로 파송 받은 공동체로부터 나온다. 결국 교회 공동체는 선교를 짊어진 자들이다.

성직자는 모든 것을 독단적으로 하는 것이 아니라 하나님의 전체 백성들과 함께 선교를 해야 한다. 모든 사람들이 교회를 모든 진리로 인도하는 한 성령을 받았기 때문이다. 성직자는 하나님의 백성들과 함께 세상에 파송 받은 자이고, 선교 형태는 성령 받은 모든 사람들의 작은 공동체 사역이다.

4.3.3.12. 타 종교인들에 대한 증거로서의 선교

타 종교 신학은 1960년대 이후에 발전한 학문이다. 가톨릭은 장에서 "교회 밖에는 구원이 없다"는 것을, 그리고 개신교는 "말씀 밖에는 구원이 없다"는 것을 고수했다. 이 두 가지 주장에서 선교는 정복으로 대체되었다. 문제는 기독교 교회와 선교가 타 종교의 도전 앞에 대응할 준비를 갖추었느냐는 것이다.

* 타 종교와 대화 선교:

첫째, 다른 신앙들의 공존을 인정하되 마지못해서가 아닌 기꺼이 인정하는 것이다.

둘째, 대화는 헌신을 전제해야 한다.

셋째, 그들의 문화의 상황 속에서 사람들을 준비하신 하나님을 만날 것을 기대하며 믿음에서 출발해야 한다.

넷째, 주님으로부터 대화와 선교는 오직 겸손한 태도에서 실행될 수 있다.

다섯째, 대화와 선교는 종교인 자신들의 구축과 구조들을 가지고 있어서 대화는 세상임을 인정해야 하며, 선교의 대체물이나 속임수가 되어선 안 된다.

4.3.3.13. 신학으로서의 선교

초대 기독교는 서구 신학 중심으로 선교를 강조하지 않았다. 종교 개혁도 이 실상을 변화시키지 못해 선교는 교회 변두리로 밀려나 신학적 관심을 고무시키지 못했다. 신학이 본질적으로 선교적인 것으로 이해되었기 때문이다. 선교학은 경건주의 이후 성경, 역사, 조직, 실천신학 분야에 포함되어 있다가 그 후에 독립한 학문이다. 바르넥 이후 비교 종교, 에큐메닉스, 해외선교 실무가 대두되면서 '신학 중 선교'가 정립되고, 급기야는 독립적으로 선교신학이 수립되었다. 선교는 신학적인 의제를 필요로 할 뿐만 아니라 신학을 위해 선교적인 의제를 필요로 한다. 결국 선교는 모든 신학의 중심 주제가 되어야 한다.

선교는 모든 신학의 어머니로 상호작용한다. 선교학의 임무는 첫째로 선교 신학은 기초, 목표, 태도, 메시지, 방법을 조사하는 학문이다. 선교학은 신학에서 필수적인 요소이다. 선교는 선교학자들, 선교사들, 목회자들이 모두 협력하는 상호주체적인 실재이다. 둘째는 선교 신학은 신학의 시녀이며, 하나님의 세상의 시녀이다.

4.3.3.14. 소망의 활동으로서의 선교

개신교는 선교적 관점에서 종말론을 재발견하며 선교에서 소망의 요소로 나타낸다. 종말론적인 지평은 신비적인 개인 구원과 교회중심주의를 향하는 경향이 있다. 종말론적인 사상은 영국계보다는 대륙신학에서 더 빨리 나타났다. 종말론적 신학은 초월적이고 개별적인 사건으로 '실현된 종말론'이 강조되었다. 역사학파는 종말적 선교에 대하여 종말론 성경해석의 중요한 열쇠로 '하나님의 통치'에 강조를 두었다.

종말론과 선교는 미래와 현재 사이에서 창조적 긴장관계에 있다. 세상과 역사에 관해 할 수 있는 유일한 말은 하나님의 인내가 지속되는 한 선교를 가능하게 한다. 모든 것은 하나님의 주권 속에 종말론의 과거와 미래가 있다.

선교에 있어서 극단적인 종말론도 배척하지만 극단적인 역사화 또한 배척해야 한다. 선교는 미래지향적이면서 동시에 지금 여기 지향적 선교의 종말론이 필요하다. 그것은 창조적이고 구속적인 긴장 속에서 '이미'와 '아직' 사이로 죄와 반역의 세상과 하나님이 사랑하시는 세상, 이미 시작된 새 시대와 아직 끝나지 않은 옛 시대, 칭의뿐만 아니라 정의, 해방의 복음과 구원의 복음을 함께 붙잡는 것이 종말론 신학이다.

* *

　지금까지 선교학은 선교의 정의를 탐구하고, 재형식화하고, 폐기하는 계속적인 과정으로부터 발전했다. 변화하고 있는 선교는 선교 자체가 변혁되어야 할 지속적인 필요가 있다. 선교를 너무 날카롭게 세분화하려는 시도를 경계해야 한다. 한편, 선교가 그 기원과 특색에 신실하게 하기 위해선 다차원적이어야 한다. 다차원적인 성질과 특질의 개념을 제공하기 위해서 논리나 분석보다는 이미지들, 비유들, 사건들과 그림들에 호소할 수 있다.

　선교의 의미와 내용과 윤곽을 제시하는 한 방법은 신약에서 묘사된 6가지 구원의 사건들—그리스도의 성육신, 십자가 죽음, 부활, 승천, 오순절 성령 강림, 재림—의 관점에서 보아야 한다.

　위의 6가지 기독론적 구속 사건들은 결코 서로 분리될 수 없다. 선교는 주님이 성육신하시고 죽으시고 부활하시고 승천하신 그리스도께서 성령으로 함께 계시면서 그의 승리의 행진의 포로들로서 그의 미래 속으로 인도하시는 것을 선언한다.

　선교 비평가들은 보통 선교는 단지 서구 선교사들이 영혼 구원과 교회를 세우는 방법을 부가하는 전제에서 출발한다.

결코 선교를 이러한 것으로 제한해선 안 된다. 오히려 선교는 미시오 데이가 되어야 한다. 선교를 수행하는 것은 교회가 아니고, 교회를 구성하는 것은 미시오 데이다. 결국 교회의 선교는 지속적인 갱신과 재고가 요구된다.

선교는 단지 타 종교와의 경쟁이나 일시적인 개종이 아니다. 또한 단순히 신앙을 전파하는 것이나 교회를 세우는 것도, 사회적으로 경제적으로 정치적인 활동을 하는 것도 아니다. 개종, 교회 성장, 사회, 경제, 정치 이 모든 것들은 하나님의 선교가 교회를 정화시킬 수 있는 것이다. 십자가는 심판과 치욕의 장소이지만 바로 거듭남이 있는 곳이다. 결국 교회 공동체는 단지 교회의 구성원이 아닌 하나님 나라의 교제를 이루는 곳이다.

이런 관점에서 볼 때 선교는 인간을 자유롭게 하시는 예수님의 선교에 온전히 참여하는 것이며, 모든 민족을 구원하기 위해 공동체의 증인으로서 성육신하신 예수님의 사랑의 복음을 전하는 것이다.

선교적 교회(Missional Church)

V.
변화하는 유럽 교회와 한인 디아스포라 교회의 반응과 역할
― 영국 상황을 중심으로[2]

지난 30여 년간 여러 가지 이유로 무슬림들이 한국에 서서히 증가했다. 또한 해외 유럽 내 한인 디아스포라 공동체에도 많은 무슬림들이 증가하고 있다. 한인 공동체들이 문턱에 다가온 이웃 무슬림들을 사랑으로 대해야 함은 분명한 예수 그리스도의 명령이다.

한국 내에서 최근 몇 년 동안 이슬람 혐오증(Islamphobia) 현상이 발생해 무슬림들과 불필요한 갈등이 일어났다. 한국 교회에서도 일련의 현상으로 내부적 긴장이 일어났다. 이 새로운 현상을 함께 처

---
[2] 본 글은 런던 근교의 위클리프 선교센터에서 열린 '제4차 디아스포라 유로포럼'(2010년 3월 15-17일) 발제안으로 필자(정마태 선교사)의 허락하에 발췌 요약했음을 밝힌다.

리하는 방법에 있어서 한국 선교 지도자들과 목회자들이 심각하게 검토하게 되었다. 여기에 주로 한국 내에 있는 무슬림들에게 어떻게 접근함이 적절한지에 대해 성경적이고 역사적인 렌즈를 통해 살펴보아야 한다.

이런 한국 내 무슬림들을 향한 반응 방식은 해외 한인 디아스포라 공동체에도 상당한 영향을 미치고 있다. 별로 정제하지 않은 채로 해외 한인 공동체들이 한국 내의 반응들을 받아들이고 있는 듯하다.

이 글은 유럽 내 한인 디아스포라 공동체가 이웃에 사는 무슬림들에게 어떻게 반응해야 하며, 역할이 무엇인지를 살펴보는 것이다. 아래 4가지 큰 주요 이슈를 통해 살펴본다.

A. 영국 내 무슬림들에 대한 영국의 반응

1. 일반적인 영국 내 무슬림 인구와 상황
2. 영국 내 이슬람 사원의 상황
3. 독일과 프랑스의 무슬림들과 영국 무슬림 상황 비교
4. 독일과 프랑스와 영국의 무슬림 이민정책의 차이점
5. 폭력 및 급진적 이슬람에 대한 무슬림들의 반응
6. 학교, 병원, 종교 활동, 시 당국과 관련된 무슬림 공동체에 대한

영국 정부 반응

7. 무슬림들에 대한 영국 교회의 반응

B. 이러한 주제와 관련된 성경적 렌즈
1. 이러한 연구가 왜 중요한가에 대한 성경적인 근거(예)들
2. 영국과 한국 내에 있는 무슬림과 기독교인 관계에 관한 상황을 어떻게 성경적으로 이해해야 하는가에 대한 성경적 근거들을 살펴본다.

C. 이러한 주제와 관련된 역사적인 렌즈
1. 십자군 시대
2. 종교개혁 시대
3. 현대 선교 시대
4. 최근의 발전: '우리와 당신들 사이의 공통된 말씀'

D. 유럽 내 무슬림들을 향한 한인 디아스포라 교회의 반응과 역할
1. 유럽 내 무슬림들 인구와 21세기에 있어서 유럽 내 한인 디아스포라 교회의 반응과 역할
2. 이 주제와 관련된 한국 내의 일부 문제 및 강점들
3. 영국의 예를 통하여 한국인들이 배워야 할 것들과 배우지 말아야 할 것들

4. 해외에서 한국 복음주의자들의 무슬림들을 향한 반응

  4.1. 리서치(연구)의 필요

  4.2. 유럽 내 무슬림들을 향한 복음주의자들의 응답

    4.2.1. 무슬림들과 한국인 사이의 관계

      (한국 내 무슬림들을 위한/과 함께하는/에 반대하는/에 대한 한인 복음주의자들의 반응)

    4.2.2. 유럽 내 한인들 자체 내에서의 내부적 관계

      (다음 단계를 향한 실천적인 권장사항들)

A. 영국 내 무슬림들에 대한 영국의 반응

1889년 성탄절에 영국의 리버풀에 있는 첫 모스크를 압둘라 윌리엄 퀼리엄(Quilliam)이 열었다. 더비 스트리트의 일반 집을 모스크 사원으로 변환시켜 만들었다. 여기에서 중요성은 영국 내 무슬림들에 대해 영국이 어떻게 반응했는가를 통해 한국이 배울 점과 배우지 말아야 할 점을 찾는 일이다.

1. 일반적인 영국 내 무슬림 인구와 상황

2001년 영국 인구조사에서 불교, 힌두교도, 유대인, 이슬람교도,

시크교 및 다른 종교의 사람들 인구는 총인구의 5.2%이다. 그중에 1,546,626명의 무슬림들이 있다. 이들은 모든 영국 인구의 2.7%였고, 이중 약 50%가 25세 이하의 무슬림들이다. 특히 영국 내 전 무슬림들 중 4.1%에 해당하는 무슬림 63,475명은 백인 영국인들 배경에서 이슬람으로 개종한 사람들이며, 이것은 중요한 점을 시사하고 있다. 2009년 1월 인구조사에 따르면, 영국 내에 무슬림들은 약 240만 명으로 증가했다.

2005년에는 영국 내의 무슬림들은 56개 나라에서 이주해 왔고, 70개 언어를 말하고, 1,200개 모스크 사원이 존재하고 있었다. 2007년 4월까지는 잉글랜드에 약 30명의 대학 무슬림 교목들이 있었고, 영국 전체에 25개 이슬람 학교가 있었다. 이러한 이슬람 학교들은 지난 30년 동안 모두 만들어진 것이다. 이런 학교에서는 이슬람, 하디스, 이슬람 법학(피끄), 이슬람 신학 등을 가르친다.

2. 영국 내 이슬람 사원의 상황

1965년에 옥스퍼드에 첫 모스크가 건립되었다. 이것은 옥스퍼드 내 Bath Street에 있는 창고를 개조하여 만든 것이었다. 1961년에 파키스탄 복지 협회의 옥스퍼드 지점을 설립한 어느 한 파키스탄인과 방글라데시인이 모스크를 짓기 위해 펀드를 모은 노력의 결과로 이 모스크가 세워졌다. 이 작은 모스크가 지어진 지 정확히 40년 후 2005년 4월 부활 주일 직전의 성 금요일(Good Friday)에, 동(East) 옥스퍼드에 옥스퍼드 중앙 모스크(Central Oxford Mosque)가 세워질 것을 아무도 몰랐다.

BMG 연구위원회는 잉글랜드와 웨일스에 2009년 2월에 1,102개의 모스크가 있음을 보여준다. 스코틀랜드와 북아일랜드를 포함하면 약 1,200개보다 많은 모스크 사원이 영국 내에 있는 것을 의미한다. 모스크의 대부분인 83%가 지난 10년간 만들어진 것이다.

3. 독일과 프랑스의 무슬림들과 영국 무슬림 상황 비교

영국 내 무슬림들은 독일과 프랑스 무슬림들보다 더 보수적이다. 주된 이유는 영국 내 무슬림이 파키스탄과 인도 사람이 주류를 이루는 보수적인 데오반디(Deobandi)파로 구성되어 있기 때문이다. 이들은 매우 보수적인 타블리 이슬람(Tabligh-i-Islami) 및 제마트 이슬람(Jamaat-i-Islami), 바렐와이 살라피(Barelwi, Salafi) 무슬림들이다. 이들은 200년 이상, 적은 수의 선원들과 학생들, 외교관들을 통해 남아시아 종교적 전통의 다양성이 영국에 존재해 왔었다.

2차 세계대전이 끝나면서 큰 숫자의 영구적이고 눈에 띄는 주로 남아시아인들(인도, 파키스탄, 방글라데시)이 이주해 들어왔다. 드디어 정치적인 무슬림들이 영국에 성장하게 되었다. 영국에서는 아래와 같이 네 단계에 걸쳐서 무슬림들이 이민하게 되었다.

① 개척 단계
② 체인(Chain) 이민
③ 아내 및 아이들을 이민시킴
④ 영국 내 새로운 무슬림 세대 출현

4. 독일과 프랑스와 영국의 무슬림 이민정책의 차이점

서유럽에는 3개의 큰 이슬람 공동체가 있다. 프랑스에는 4천5백만 명의 무슬림들이 있다(총인구의 7%). 독일에는 3백만 명의 무슬림들이 있다(적어도 총인구의 3%). 영국에는 약 2백만 명의 무슬림들이 있다(총인구의 약 3%). 이들 세 나라가 다양한 무슬림들을 어떻게 관리했는가에 대해 아래와 같은 세 가지 모델로 간단히 요약할 수 있다.

* **독일 모델**(게스트: 손님 모델):

독일 신분은 역사적으로 독일 민족과 동일시되어 왔다. 이민자들은 '손님 일꾼'(gastarbeiter - guestworker)으로 인식되었다. 따라서 수십

년 동안 나라에서 체류한 경우에도 잠정적인 체류자에 불과할 뿐이었다. 이 모델은 '게토 현상'을 만들었다.

* 영국 모델(모자이크 모델):

독일 모델과 대조되게, 이 모델은 이민자에게 시민권 권한을 줄 뿐만 아니라, 상당한 문화 자율권을 주었다. 이 '다문화' 접근방식으로 인해 대부분의 다른 유럽 나라에서보다 영국 내 무슬림들이 스스로의 의견을 더 많이 드러낼 수 있는 여지를 허용해 주었다. 2세대 무슬림들은 그들 조상의 문화와 언어를 유지하는 데 격려를 받았다. 최근 이 정책은 '분리 조장'과 '병렬 문화'를 육성하는 데 기여하게 되었다는 비판을 받았다.

* 프랑스 모델(혼합 모델):

이 모델은 '동화' 모델을 제공했다. 무슬림 이민자들은 프랑스 시민권을 부여 받지만, 프랑스의 주된 문화에 흡수되어야 한다. 이 모델은 이민자들을 순전히 개인으로 취급한다. 그가 속한 커뮤니티 여부에 따라 판단하지 않는다. 종교(무슬림)나 민족(모로코인, 베르베르인), 또는 언어(아랍인)로 그를 구분하지 않는다는 뜻이다. 이러한 정체성은 사적인 경우론 용납하지만 공화국체제를 가진 세속적인 프랑스에선 이런 사적인 것들은 공적인 자리에선 안 통한다는 뜻이다.

이것은 다소 심각한 세속적 모델로, 종교적인 헌신을 개인적/사적인 것으로 만들게 되었다.

5. 폭력 및 급진적 이슬람에 대한 무슬림들의 반응

갤럽 Coexist 2009년 리서치에 따르면, 통합(integration)을 향한 공적인 인식에 있어서, 대부분의 영국, 독일, 프랑스 무슬림들은, 어떤 숭고한 목적을 위해서 민간인들을 공격하거나 폭력을 사용하는 것을 정당화할 수 없다고 보았다. 독일, 영국, 프랑스, 세 나라의 대부분 무슬림들은 극단적인 이슬람과 무슬림들을 반대한다는 뜻이다. 2009년의 퀼리엄(Quilliam, 보수적인 무슬림 리서치 기관) 리서치 조사에 의하면 아래의 결과들을 보여주었다.

- 대부분의 모스크 사원에선 극단적인 무슬림이 되어 쉽게 희생자가 될 가능성이 있는 젊은 무슬림의 교육을 위해 열심히 수고하고 있다. 그러나 그들을 돕는 일이 쉽지 않다.

- 젊은 무슬림들이 범죄와 급진주의에 흡수되기 때문에, 모스크들은 여전히 이슬람 과격주의 관점을 도전하기 위해 준비하고 있지만, 현재 존재하는 무슬림 지도자들은(imams) 이러한 이슈들을 다루

기에는 아직 준비가 안 되었다. 특히 대부분의 영국 젊은 무슬림들은 넓은 콘텍스트에서 물질주의와 세속주의에 빠져 있는 실정이다.

- 영국 내 254개 모스크 중 지도자(imams) 97%가 해외에서 태어났다. 152개 모스크 중 무슬림 지도자(imams) 92%가 해외에서 무슬림 지도자 훈련을 받은 것으로 나타났다. 2007년에 체스터(Chester) 대학이 300개 모스크를 중심으로 실시한 설문조사에 의하면, 그중 45%의 지도자들(imams)이 지난 5년 기간 동안 영국 내에 있었음을 보여주었다. 일련의 현실 때문에 거의 대부분의 영국 모스크 내의 무슬림 지도자들은 영어를 제대로 잘 못해 젊은 무슬림들의 실제 염려들과 그들의 일상 경험들을 다루기에는 역부족인 실정이다. 그들이 영국 밖에서 자라고 교육을 받은 이유로 인해서, 그들은 젊은 영국 무슬림들이 민주적이고, 다종교사회로 통합되도록 도울 수가 없다. 이런 제한 때문에 영어를 잘하며 논리정연한 젊은 무슬림들에 의해 전파되는 과격 무슬림들의 관점을 도전하는 데에 있어선 이 지도자들이 무력한 실정이다.

갤럽 Coexist 2009년 리서치의 마지막 부분은 '미래를 바라보면서'(moving forward) 다음과 같은 코멘트로 끝났다.

"결과적으로 통합 논쟁(integration debate)은 보안 및 종교를 넘어 그 프레임(frame)을 넓혀서 믿음이(종교가) 있든지 없든지 모든 시민들의 사회 경제적인 고통/투쟁에 대해 더 초점을 맞추어야 한다. 일부 종교 문제가 여전히 영국 내에 존재하지만, 그럼에도 불구하고 매일의 일용할 양식, 가족 문제, 직장 문제, 아이들의 교육, 비자 문제, 결혼생활, 새로운 언어와 문화 적응을 통해 새로운 생활환경에 적응하는 일로 매일의 투쟁(struggles)이 영국 내의 무슬림들에게는 주된 과제이다."

6. 학교, 병원, 종교 활동, 시 당국과 관련된 무슬림 공동체에 대한 영국 정부 반응

1997년 10월 22일, 런던의 하원(The House of Commons)에선 사회 정책 영역에서 리서치를 지원하는 독립적인 런던 내 'Runnymede 재단 조사 위원회'가 출발되었다. 그 보고서의 제목은 "우리 모두를 향한 도전: Islamphobia"였다. 이 위원회 구성원 중에는 8명의 무슬림과 두 유대인 포함되어 있다. 위원들은 안티 무슬림(anti-Muslim) 편견(Islamphobia)과 이 영국 내 무슬림 공동체들의 상황들을 조사했다. 이 위원회의 출발 때의 코멘트 일부와 약간의 미디어 코멘트를 통해서 알 수 있었던 것은 영국 내에 이슬람과 관련된 염려들은 상대적으로 새로운 현상이며, 1945년 이래에 영국에서 무슬림 공동체가 현저히 성장한 이유로 인해 생겨난 문제라는 점이었다.

영국은 이러한 기회들과 도전들을 매우 심각하게 다루었다. 그들은 이슬람포비아에 대해 연구했고, 일반적으로 이슬람에 대한 '폐쇄된 관점'(closed views)과 '열린 관점'(open views)의 실제에 대한 명확한 분석을 했다. 그리고 앞으로 나아갈 길에 대한 분명한 비전과 60개 권장사항을 제시하였다.

첫 보고를 한 지 6년이 지난 2004년에, "Islamphobia: 문제와 도전과 행동"이라는 제목 아래 후속 보고서가 발표되었다. 이는 2004년에 리처드 스톤(Richard Stone) 씨를 의장으로 한 영국 내 무슬림에 대한 보고서였다. 이 보고서는 1997년에 만들어진 60개 권장사항이 이루어진 것과 이루어지지 않은 것을 구분하여 그 진행사항을 검토한 보고서였다.

7. 무슬림들에 대한 영국 교회의 반응

첫째, 영국에는 무슬림과 그리스도인 관계에 대한 여러 다른 접근 방법을 가진 여러 기독교 지도자들이 존재한다.

둘째, 영국에 오늘날 무슬림과 그리스도인과 관련한 여러 교단들 내의 다양한 그룹들과 위원회들, 초 교단 선교단체들, 여러 그룹들이 있다.

거기서 이슬람의 도전에 반응하는 여러 다른 스펙트럼들이 있다. 한 극단으로는 논쟁적인 반응이 있고, 다른 극단으로는 자유주의적인 반응이 있다. 이 두 중간에 복음을 성실히 전하며, 무슬림들과 평화로운 공존을 위해 건설적으로 참여하는 방식도 있다.

리처드 맥칼럼(Richard McCallum)은 "영국 공중사회에서의 복음주의 그리스도인과 무슬림의 관계-사회적 반추"(Evangelical Christians and Muslims in the British public sphere-some sociological reflections)라는 연구에서 3가지 접근 방식을 '분리', '용납', '참여하는 정통'이라는 표현으로 달리 요약하였다. 영국 내 이슬람의 도전에 대해 논쟁적, 자유적, 성실한 접근 방법이 있다는 뜻이다.

한편, 침례교회 모델, 아나밥티스트 모델, 영국 성공회 모델과 같은 여러 다른 교단들이 있다. 각 모델은 각각 여러 이슈들을 다루는 고유한 방법들을 가지고 있다. 난 여러 교회 중에서 영국 성공회에서 한국인들이 배울 것이 많다고 생각하여 성공회의 케이스를 한

예로 들었다. 영국 성공회의 교회 수나 크기도 가장 크고, 긴 교회 역사를 갖고 있고, 이런 영역에서 중요한 일들에 참여하며, 리서치와 노력들을 많이 했다. 다른 교단과 선교단체들 안에서도 최근에 무슬림들을 위한 기도회, 이벤트, 포럼, 컨설테이션, 상호간의 종교 대화들, 다양한 이니셔티브와 영국 기독교 지도자들과의 지속적인 토론이 많이 일어나고 있다.

B. 이러한 주제와 관련된 성경적 렌즈

여기에선 성경의 렌즈와 역사의 렌즈에 관심을 집중할 것이다. B장에서 성경의 렌즈는 왜 이런 종류의 리서치가 중요한지, 그리고 한국 내의 이런 무슬림 상황과 같은 경우를 한국인들이 어떻게 성경적으로 이해해야 하는지를 살펴볼 것이다. 이러한 두 렌즈-성경과 역사를 통해서-D장에서 유럽 내 한인 그리스도인들이 무슬림들에 대해 어떻게 반응하며, 어떤 역할을 감당해야 할 것인지를 살펴볼 것이다.

1. 이러한 연구가 왜 중요한가에 대한 성경적인 근거들

21세기는 한국 복음주의자들이 무슬림들과의 새로운 의미 있는 관계, 새로운 접근과 새 길을 위해 무슬림과 그리스도인 관계의 새로운 관점(렌즈)에서 신구약 성경과 꾸란을 통해 적절한 성경적 해석을 개발해야 한다. 마치 예수님의 산상수훈의 마태복음 5장에서 예수께서 "너희가 …라고 들었으나 내가 너희에게 이르노니…"라고 말씀하시며 제자들에게 구약을 올바르게 재해석해 주신 것과 같이 말한다. 이런 관점에서 아래의 성경적인 이유들이 이런 유의 리서치에 있어서 중요하다.

- 무슬림에게 접근하기 위한 적절하고 건설적인 방법들을 찾기 위해서

- 무슬림들과 이슬람에 대한 현재의 두려움이 정당한 것인지, 아닌지를 분별하기 위해서

- 예레미야 23장 16-32절에 나타난 것처럼, 무슬림에 대한 그들의 이해가 그들 신의 생각으로 해석한 것들인지, 아니면 하나님의 관점에서 이해한 것인지를 살펴보기 위하여, 이런 리서치가 중요하다.

무슬림들에 대한 자신의 관점을 갖기 전에, 먼저 근본적으로 그들 자신이 예수 그리스도와 복음에 대해 올바르게 이해하고 있는지

살펴보아야 한다. 또한 무슬림들을 올바르게 이해하여 무슬림들과 이슬람에 대하여 잘못된 증거를 피하면서, 그리스도인들이 무슬림들에게 어떻게 접근할 것인지에 대해서 개방되고 건설적인 의논을 하기 위해, 무슬림들과 이슬람에 대해 배워야 하는 성경적인 예들을 아래와 같이 제시해 보았다.

- 아브라함은 그 당시 자신 주위의 종교들에 대해 얼마나 이해했는가?

- 모세는 이집트 궁전에서 40년을 보냈고, 광야에서 40년을 보내면서 언어, 문화, 전통, 이집트 정치, 당대 자신이 속한 공동체에 대해서 잘 알았다. 더욱, 하나님을 알았다(출 1-4장).

- 바울은 당대에 그리스어, 히브리어, 아람어 세 언어를 알았고, 텐트 만드는 기술과 함께 로마 시민권을 가진 유대인이었다(행 18:1-3, 22:25-28). 그는 이스라엘 족속, 베냐민 지파, 히브리인 중의 히브리인, 율법으로는 바리새인(빌 3:5-6), 가말리엘 문하에서 유대인의 조상의 율법의 엄한 교육을 받았고, 모든 유대인처럼 하나님께 대하여 열심하는 자였다(행 22:3).

- 예수는 누가복음 2장 46-47절에 열두 살 나이였다. 이 사건은 예수께서 공생애 사역을 시작하시기 전에 나타난 사실이다. 한국 복음주의자들이 잘못된 증거로 무슬림들에게 어떤 행동이나 반응을 하기 전에, 예수께서 보여주신 이러한 종류의 리서치와 반응은 중요하다.

* 선생들 중에 앉으시고,
* 저희에게 듣기도 하시며,
* 묻기도 하시며,
* 예수 당시의 이슈들과 신학 사상들에 대하여 이해하시며,
* 적절히 답변을 하신 일들은 본받아야 할 예들이다.

궁극적으론 성경적인 태도로 적절한 방법에서 그들에게 하나님의 구원의 소식을 알리는 일이다. 바울이 유대인들에 대해 가졌던 열정을 가지고(롬 9:1-3, 10:1-4), 부활하신 예수님과 함께, 무슬림과 같이 엠마오(Emmaus)의 길을 걸어가야 한다(눅 24:13-49).

2. 영국과 유럽에 있는 무슬림과 기독교인 관계에 관한 성경적 근거들 / 무슬림 이웃들에 대한 하나님과 그의 백성들의 본성의 반영

이스라엘 백성들이 하나님의 여러 명령을 순종하는 중에 그들의

이웃에 대한 관계와 관련해 "너희 나그네를 사랑하라"는 하나님의 명령을 이해할 때, 얼마나 자주 하나님께서 이 명령을 그들에게 하셨는지를 알면 모두는 놀라게 된다. 단순히 "네 이웃을 사랑하라"는 명령보다 "너희 나그네를 사랑하라"는 명령이 성경에 더 많이 나타난 것으로 알려져 있다. 이 명령은 두 근거에서 나온다.

첫째 근거는 '나그네를 사랑하사 그에게 식물과 의복을 주신다'(신 10:18)는 하나님의 바로 그 본성에서 흘러나온다.

둘째 근거는 '이스라엘 백성 자신들이 전에 애굽 땅에서 나그네 되었고, 여호와께서 하늘의 별과 같이 많게 하신'(신 10:19-22) 이스라엘 백성들의 정체성에서 나오는 것이다.

다수 무슬림들에 대한 소수 그리스도인들의 바른 자세

아브라함과 그의 가족, 이삭, 야곱과 이스라엘 백성들이 그들 주변의 대다수 종교인들에게 대했던 반응처럼, 유일신을 섬기는 소수인들로서 이스라엘의 믿음이 있는 백성들이 대다수 종교인들 속에 살면서 이들이 그들에게 어떻게 했을까를 생각해 보는 것은 중요한 것이다.

그리스도인들에게 여러 훌륭한 성경의 예가 있다. 이집트의 요셉, 페르시아의 에스더(베냐민 자손인 모르드개의 삼촌, 아비하일의 딸 - 에 2:5, 15), 바벨론 제국의 다니엘 등은 그들 주변의 대다수 종교 백성들이 사는 이방 문화와 사회 정치적 환경 가운데서 경건한 사람들로서 올바른 태도를 보여주었던 신실한 유대인들이었다.

소수 무슬림들에 대한 다수 그리스도인들의 바른 자세

반대로, 그리스도인들이 대다수인 영국이나 한국에서 유일신을 섬기는 소수인 무슬림들이 어떻게 느끼고 사는지를 알아야 한다. 유럽 내의 소수 무슬림들을 다수인 그리스도인들이 어떻게 바르게 관계해야 하는지 생각해야 한다. 대다수 무슬림들은 그리스도인들을 세 신을 섬기는 다신교인으로 보고 있다.

다수의 유대인들이 사는 공동체 내에서, 하나님을 두려워한 경건한 고넬료가 드렸던 기도와 구제가 하나님께 상달되었고, 하나님께서 기억하신 바 되었다(행 10:1-4). 그와 가족이 구원을 받았다. 주변에 다가온 무슬림들을 고넬료와 같은 모습으로 받아들여야 한다.

'정치'와 '땅'에 대한 성경적 관점

이스라엘 백성들은 정치에서 '권력'과 그들의 영토에서 '땅'과 그들의 '종교'에 대하여 고군분투했다. 결국 여러 가지 방법으로 하나님의 간섭들을 통해 그들이 많이 배웠고(권력, 땅, 종교), 그들은 살아 계신 하나님을 향해 순례의 길을 가게 되었다.

이 영역에서 교회와 정부의 역할을 구분하는 것은 대단히 중요하다. 성경적인 정부의 역할과 형태를 그리스도인들이 생각할 때, 4세기의 콘스탄틴 대제의 정부 형태를 생각해야 한다. 존 칼빈은 신정정치를 강하게 인지한 나머지 21세기 민주주의 사회 속에 복음의 수용성을 갖지 못했다. 하나님 나라의 개념을 잘 이해함도 이런 것을 고려할 때 중요한 요인이 될 것이다. 하나님 나라 개념도 올바르게 이해해야 올바른 무슬림 접근이 이루어질 것이다.

한국/유럽 교회에 대한 하나님의 정화 작업과 심판
바벨론 군대를 사용해 이스라엘 백성들을 바벨론 포로가 되도록 하심으로 하나님께서 이스라엘을 심판하신 것을 복음주의자들은 이해할 필요가 있다. 이스라엘 백성들이 하나님을 섬기지 않고 우상들을 섬김으로 인해 예레미야 선지자와 같은 여러 선지자들이 이스라엘의 멸망과 포로 될 것을 분명히 예언했다. 그들은 이런 예언들을 결코 믿지 않았다. 이런 현실을 유럽 교회에 대한 경고로, 긍정적이고 실제적인 도전으로 받아들인다면 유럽 내 무슬림들은 '기독교

왕국'(Christendom)에 대해 교만한 자세, 세속화, 물량화, 유럽 교회를 향하신 하나님의 정화 과정의 일부로 볼 수 있다. 루터는 독일 가까이에 쳐들어오는 터키 무슬림들의 공격을 타락한 독일 기독교를 정화하는 하나님의 심판의 시각으로 보았다.

다중 타 문화 도전들

한국 복음주의자들은 사마리아 우물가에서 이방 여인을 만난 예수 그리스도의 방법을 이해할 필요가 있다. 여러 타 문화 이슈들이 산재한 상황에서 예수님은 이 여인을 만나셨다.

남성-여성 문제, 다른 종교 문제, 대낮에 이방 여인을 만나는 문제, 대낮에 이방 여인과 사적인 대화를 나누는 일에 있어서 예수께서 유대인과 사마리아 사람들 가운데서 오해받을 위험의 문제가 있었다. 예수께서 그 여인을 하나님 나라로 인도하신 방법(요 4:1-42)에 여러 다중문화의 도전을 예수께서는 통과하신 것이다. 무슬림을 도울 때 이와 같은 다중 타 문화 장애/도전들이 있다는 것을 인식해야 할 것이다.

공동체(Community)를 기초한 관계

자주장사 루디아와 로마 간수와 그들의 가족들이 공동체로서 예수 그리스도를 믿은 것과 같이(행 16:15, 34) 무슬림들도 그들이 움마(Umma-Community) 공동체로서 돌아올 수 있다.

이들과 문화적 배경이 비슷한 한국인들이 무슬림들과 매일 관계를 맺을 때에 어떻게 이들에게 접근할지 고민이 필요하다. 예수님을 믿은 후, 새로이 믿게 된 몇 사람들이 직면하는 박해와 어려움을 받을 때, 사도행전에 나타난 비슷한 간증처럼, 그들이 자신의 공동체를 떠나지 않고 그 공동체에 남아 있도록 도와서, 그들이 이런 도전을 극복하도록 도울 수 있을지 고민해야 한다.

한인 디아스포라 교회/성도들의 다른 역할들(바울과 바나바의 협력)
한국과 문화적으로 비슷한 배경을 가진 이웃 무슬림들을 위해 겸손한 방식으로 한인 디아스포라 성도들이 섬기는 모델이 필요하다. 이 패러다임은 사도행전 11장 19-30절에 나타난 안디옥 교회의 상황과 거의 비슷하다. 이는 무슬림 이웃을 향한 유럽 한인 교회가 함께 협력하는 모델을 보여야 한다.

C. 이러한 주제와 관련된 역사적인 렌즈

이슬람-기독교 관계의 전체 역사를 살펴볼 때 이 주제에 관한 한,

'아무것도 태양 아래 새로운 것이 없다'는 것을 알게 된다. 신학 논쟁, 정치적 찾기 싸움, 편견, 오해, 증오, 살인 등등 대부분의 기록을 통해 두 종교 사람들 사이에 진행된 이야기들, 역사들이 오늘날에 새로운 것이 없다는 뜻이다.

역사를 크게 나누면, 기독교와 이슬람교도 상호 작용(622-830년), 중세(긴장, 무슬림과 서구 역사-십자군전쟁과 개혁기), 균형의 변화로 권력의 축이 바뀐 시기들: 19-20세기로 요약할 수 있다.

이슬람과 기독교 관계의 대부분의 역사는 이슬람과 서구, 'Muslims and The West'라고 해도 과언이 아니다. 무슬림과 동양, 'The Muslims and the East'에 대해서는 기록된 문헌들이 별로 없다.

1. 십자군 시대

12세기의 저명한 기독교 설교자, 교사인 클레르보(Clairvaux)의 버나드(1090-1153. 8. 20)가 2차 십자군 원정을 강력히 지원했다는 사실은 충격적인 일이다. 그 당시 성 버나드는 2차 십자군을 위한 십자군들을 동원한 저명한 설교자였다. 그가 죽기 전 3년, 1150년에 찬송가(통일 85장) 작사를 하였다.

구주를 생각만 해도 내 맘이 좋거든
주 얼굴 뵈올 때에야 얼마나 좋으랴
만민의 구주 예수여 귀하신 이름은
천지에 온갖 이름 중 비할 데 없도다
참 회개하는 자에게 소망이 되시고
구하고 찾는 자에게 기쁨이 되신다
예수의 넓은 사랑을 어찌 다 말하랴
그 사랑받은 사람만 그 사랑 알도다
사랑의 구주 예수여 내 기쁨 되시고
이제와 또한 영원히 영광이 되소서

이 찬송을 부르며 십자군 원정에 참여해 무슬림들을 무참히 죽였던 젊은 그리스도인들을 상상해 보았는가!

피터 부 주교(1092-1156년)는 버건디(Burgundy)에 소재한 Cluny의 대수도원장으로서, 그의 친구인 성 버나드와는 매우 달리 기독교에 대해 이해했다. 그는 이슬람에 대한 다른 접근 방식을 제안하였다. 충성심을 가지고 그는 십자군 원정을 반대하지는 않았다. 하지만 그는 다른 대안을 제안했다. 광범위하게 이슬람 종교를 연구하고, 이슬람 자체의 원 자료들을 연구한 것이다. 이 작업으로 인해서 무슬림 자료들을 쉽게 보도록 하기 위한 포괄적인 번역 프로그램을 포함시키게 되었다. 피터 부 주교 자신이 이 일에 착수하는 일에 매진하게 되었고, 1142년에는 피터 자신이 스페인, Kritzeck 등을 여행하며 '유럽 지성사에 있어서 중대한 사건'으로 일컬어지고 있다.

이 끔찍한 십자군 시대에 무슬림들을 접근한 프랜시스 형제단을 만든 성 프랜시스는 달랐다. 1219년에 성 프랜시스는 이집트의 다미에타(Damietta)를 향하여 5차 십자군 원정대와 동행한다. 그는 그 자신이 싸우지도 않았고, 십자군들에게 싸우라고 격려하지도 않았다. 오히려 그는 십자군들이 이 전투에서 패배할 것이라고 경고하였다. 그는 그들에게 다른 방식을 보여주었다. 그는 동반자 한 사람의 보호도 없이 술탄(Sultan Al-Kamil) 캠프에 가서 술탄에게 그리스도의 복음을 전하였다.

프랜시스 이후 프랜시스 형제단의 한 무리는 이슬람 법을 잘 따르며 온건히 복음 안에 살며 복음을 전파한 부류가 있었다. 다른 프랜시스 형제단은 과격하게 복음을 전파하며 무슬림들에게 도전을 줌으로써 수많은 순교를 하게 되었다. 1220년 1월 16일에 the Almohad caliph Abu Ya'qub Yusuf al-Mustansir의 칼에 의하여 5명의 프랜시스 형제들이 목이 잘리며 1481년까지 1,220명의 프랜시스 형제들이 순교하게 된다.

2. 종교개혁 시대

마틴 루터와 존 칼빈은 너무 열정적으로 성경을 옹호했다. 루터가 자신의 원수인 무슬림들을 사랑했는지 모른다. 루터는 교회와 국가의 기능을 분명히 나누는 일에 공헌했다. 그는 그리스도인 개인과 세속적인 영역에서의 개인을 구분하였다. 이런 배경으로 인해 루터는 그의 산상수훈 주석에서 적들과 싸우는 것을 옹호했다. 더 나아가서, "하나님을 반대하는 세력에 협력하지 않기 위해 나는 하나님과 원수 되는 자들에게, 나 또한 원수가 되어야만 한다"라고 했다. 무슬림들을 그리스도의 원수임과 동시에 자신의 원수로 보게 된 것이다.

루터에게 있어서 무엇이 선교인가? 그리스도인들이 무슬림들의 구원을 위하여 기도해야 한다는 제안을 루터의 편지나 설교에서 찾아보기 힘들다. 터키인들에 대한 그의 특정적인 글에서 그는 기독교인들이 복음을 가지고, 터키인들 가운데 의도적으로 가야 한다는 제안을 결코 하지 않았다. 그는 스스로 무슬림들을 만난 적이 없다.

존 칼빈도 그의 설교 중 하나(신명기 38번에 대한 그의 설교 88번)에서 오히려 흉측한 설교를 발견하게 된다.

"터키인들이 그들의 무함마드를 하나님의 아들의 자리에 두게 될 때, 그리고 우리의 믿음의 중요한 원리 중의 하나인 하나님이 육신으로 계시된 사실을 인식하지 못하는 경우, 그들은 영 비뚤어진 사람들로서 죄를 짓는 것이고, 많은 이들을 방황하게 만든다. 그러므로 그들은 죽어 마땅하다."

현대 개신교가 무슬림 이웃들과 이슬람에 대해 왜 그토록 부정적인 이미지를 갖게 되었는지도 정말 이상한 일이다. 개신교인들도 알게 모르게 마틴 루터와 존 칼빈의 가르침에 영향을 받았기 때문이다. 종교개혁과 계몽기와 무슬림들을 향한 개혁주의 신학과 사상의 발전 이후, 개신교인들이 시온주의(Zionism) 가르침과 이스라엘을 편애하고 팔레스타인 사람들을 멸시하는 신학, 세대주의 신학에 영향받은 전천년설 등으로 인해 영향을 많이 받았다.

3. 현대 선교 시대

프랑스 식민시대 동안 샤를 드 푸코(Charles de Foucauld, 프랑스 수도사, 선교사. 1858. 9. 15-1916. 12. 1)는 무슬림 사역에 대한 놀라운 모델을 보여준다. 그는 투아레그(Tuareg) 사람들(알제리아에 사는 매우 강한 무슬림족) 가운데의 각 무슬림을 "단순한 사람으로서가 아니라, 예수"로

여겼다. 이것이 복음 메시지의 진정성을 지지하는 것이다.

탁월한 프랑스 이슬람 학자이자 선교사 알리 메라드(Ali Merad)가 샤를 드 푸코에 대해 다음과 같은 증언을 한 것은 대단히 의미 심장한 것이다.

"기독교와 이슬람을 병행하여 말하자면, 이슬람의 경우, 선지자 무함마드를 본받는 일은 믿음의 진정한 사인(표)이다. 그리고 하나님의 부르심에 대한 최고의 응답이다. (꾸란 33:21-진실로 너희에게 하나님께서 보내신 선지자의 훌륭한 모범이 있었거늘 이는 하나님과 내세와 하나님을 염원하는 것을 원하는 자를 위해서이니라.-최영길 번역) 이와 같이 알그리안(Algerian) 개혁자이며 꾸란 주석가인 이븐 바디스(Ibn Badis, 1889-1940)는 이슬람 원리를 말하는 그의 유명한 말에서 다음과 같이 말했다. 선지자를 더 완벽히 본받을수록, 하나님을 따르는 임무를 더 완벽하게 이행한 것이다."

예수를 본받는 것이 책의 백성들에 대한 이슬람의 기대에 적절히 반응하는 것이고, 복음의 진정성을 가장 아름답게 포함하고 드러내는 길이며, 무슬림들에게 우정을 갖는 가장 근접한 길이다. 이 구절이 기독교인과 무슬림의 대화에 있어서 열쇠가 되는 구절이기도 하다(꾸란 5:85).

유럽인들을 위하여 무슬림들이 희생당한 것을 무슬림들이 의식하고 있지만 겸손과 자선, 이 세상의 쾌락과 좋은 것들을 포기하며 가난한 자들과 불행한 자들을 섬기는 일에 헌신하는 일들은 항상 무슬림들에게 강력한 인상을 주는 아름다운 미덕이다. 보통 사람들이나, 특별한 종교 지도자들이나, 제국주의의 시스템이나, 도덕률에 대해 좋지 않게 생각하는 아랍 무슬림 옹호자들도 이런 느낌을 동일하게 갖는다고 말하는 것은 공평한 일이다.

1800-1938년 사이에 인도와 근동에서 일한 성공회와 개혁 교단의 무슬림 선교 역사책과 여러 선교사들의 이야기를 살펴보면 인도의 윌리엄 캐리(1761-1834년), 헨리 마틴(1781-1812년), 토마스 발피 프렌치-최초의 라호르 비숍(1825-1891년)과, 루이스 베반 존스-헨리 마틴 학교의 초대 교장(1880-1960년), 이집트의 템플 가드너(1873-1928년), 특히 알제리아에서 사역한 프랑스 선교사 샤를 드 푸코의 전기를 보면 격려와 도전과 함께 무슬림들을 긍정적으로 어떻게 섬겨야 하는지에 대해 많은 것들을 배울 수 있다.

다음의 교훈들을 그 선교사들의 삶과 사역으로부터 배워야 한다.

− 그리스도를 본받는 것의 중요성

- 총체적 방식으로 그리스도인들을 제자화하는 일
- 지역 언어를 잘하도록 배우며 꾸란 아랍어를 잘 배울 필요성
- 글로벌 협력(파트너)

4. 최근의 발전: '우리와 당신들 사이의 공통된 말씀'

- 2006년 9월 12일, 교황 베네딕토 16세는 독일의 레겐스부르크(Regensburg) 대학교 이슬람에 대해 코멘트를 한 연설을 하게 되었는데, 그로 인해 무슬림들이 세계적으로 널리 시위하게 되었다.

- 2006년 10월 12일, 교황의 일련의 이슬람에 대한 입장을 비판하는 "교황에게 보내는 공개 서한"을 38명의 최고 이슬람 학자들과 성직자들이 출판하게 된다.

- 1년 후, 2007년 10월 11일, 더 큰 무리인 138명의 이슬람 학자들, 성직자들과 지성인들이 "우리와 당신들 사이의 공통된 말씀"이라는 공개 서한을 교황과 기독교단 지도자들에게 보냈다.

이 '공통된 말씀' 문서는 개인들과 여러 기관들로부터 많은 반응을 받았다. 높은 공개 응답은 예일 대학교의 네 명의 학자들로부터

왔다. 그 응답의 제목은 "하나님과 이웃을 함께 사랑함"이었다. 이 문건에 세계 기독교 지도자 300명이 승인했다.

콜린 채프만(Colin Chapman)은 이 편지의 중요성에 대하여 7가지로 제시했다.

① 이와 같은 어필(appeal)을 하기 위해 여러 다른 이슬람 지도자들이 사인을 한 적이 과거에 없었던 점

② 인류의 공통된 미래와 지구 자체의 위기 가운데 세계를 분리시키는 여러 정치적인 이슈들의 심각성을 인식하고 있는 점

③ 유대교, 기독교, 이슬람에 공통적으로 존재하는 전적인 하나님 사랑에 대한 최우선권 과제와 그를 향한 지속적이고 적극적인 사랑의 강조

④ 기독교와 이슬람 간의 명백한 차이점과 공통된 점을 인정하면서 논쟁적인 접근을 피한 점

⑤ 정의와 종교의 자유가 이웃을 사랑하는 결정적인 부분임을 말하면서 인권 문제의 중요성을 인식한 점

⑥ 기독교와 이슬람의 공통된 기초가 하나님 사랑과 이웃 사랑임을 제안하면서, 그리스도인들도 유일신 하나님을 믿는다고 인정한 점

⑦ 유대인, 기독교인, 무슬림들은 왕들이나 다른 권력자들 앞에 무릎을 꿇어서는 안 되며, 각자는 자신들의 하나님이 말씀하신 것

을 순종해야 한다는 것을 받아들이고, 그리스도인들이 예수를 믿는 것이 큰 죄를 짓는 것이 아님을 무슬림 지도자들이 받아들인 점

일련의 문제는 두 종교 간의 신학적인 합의점을 찾기 위한 노력이라기보다 이 지구상 인류의 반 이상이 그리스도인들과 무슬림들인 점을 감안할 때, 인류가 처한 위기를 우선 극복하고 평화 공존을 위해 두 종교 지도자들이 사회적, 외교적, 정치적으로 노력한 결과로 보인다.

물론 이러한 시도는 무슬림들을 영원한 구원에 이르도록 직접적인 도움을 주기는 어렵다. 그러나 구원의 말씀을 그들에게 선명히 들릴 수 있는 대화의 장을 마련해 주는 계기가 되는 것은 분명하다.

D. 유럽 내 무슬림들을 향한 한인 디아스포라 교회들의 반응과 역할

1. 유럽 내 무슬림 인구와 21세기에 있어서 유럽 내 한인 디아스포라 교회들의 반응과 역할

유럽 내 무슬림 숫자는 2009년 10월에 Pew Research Center에서 조사한 "Mapping The Global Muslim Population; A Report on the

Size and Distribution of the World's Muslim Population"을 통해 살펴볼 수 있다. 이런 무슬림을 이웃으로 두고 있는 한인 디아스포라 교회의 역할이 중요하다.

한국 내 무슬림 상황을 간단히 살펴보면, 2007년에 약 110,000명의 무슬림들이 한국에 있었다. 한국 법무부 자료에 따르면, 25,073명의 인도네시아인들(20,588 노동자들), 17,228명의 우즈벡인들(7,010 노동자들), 13,847명의 방글라데시인, 10,643명의 파키스탄인, 기타 무슬림들이 있었다. 무슬림 인구가 한국에서 늘고 있다.

아래 표는 2007년의 대략적인 무슬림 인구분포이다. 방글라데시인과 파키스탄인들이 주로 불법으로 일하고 있으나 이들 불법 노동자 숫자는 정확히 알 수 없다. 상대적으로 높은 수로 보인다.

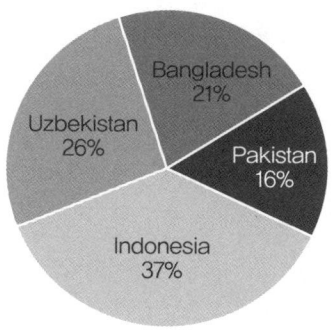

대체적으로 한국 정부 및 기독교인들은 무슬림들과 그들 무슬림 국가들과 부정적인 역사를 가지고 있지 않다. 한국이 미국, 영국과 이스라엘과 동맹국 관계라는 단순한 이유로 어떤 무슬림 나라들은 정치 외교 면에서 한국에 대해 약간의 의구심을 갖고 유보하기도 한다. 그들은 한국을 아직까지는 기독교 나라로 보지 않는다. (이런 점은 긍정적인 점이다.)

제2장

다음 세대(Next Generation)

"지난 20세기 세계 선교 트렌드는 지리적인 개념(10/40 창: 미전도 종족)의 선교였다면, 21세기 세계 선교 트렌드는 인종적 개념(4/14 창: 4세/14세 다음 세대)의 선교이다."
– 루이스 부쉬

I.
다음 세대를 잡으라
(Take up to Next Generation)
- 서문교회의 다음 세대 교육을 중심으로

지난 20세기 세계 선교는 흔들리지 않는 선교 전략이 '10/40 Window' (The Unchanging 10/40 Window Mission Strategy)였다. 이 선교 전략을 진두지휘한 랄프 윈터(Winter)는 당시 세계선교를 재개편했다. 일명 '세 시대 선교'(Three Eras Mission)라 부른다. 이 이론의 기저는 타운젠드(Townsend)가 성경이 없는 언어 집단에 초점을 맞추었고, 맥가브란(McGavran)이 간과된 종족 집단에 초점을 맞추었다.

21세기 세계 선교 트렌드는 '4/14 Window' 선교 전략으로 재개편되었다. 지난 20세기 10/40 Window 선교 전략이 지리적 개념

(geographic concept)이었다면, 21세기 4/14 Window 선교 전략은 인종적 개념(ethnic concept)으로 전환되었다. 10/40 Window 선교 전략이 간과된 종족 개념이라면, 4/14 Window 선교 전략은 흩어진 종족들이 도시로 유입된 다음 세대를 향한 전략이다.

선교만큼 중요한 것이 있다면 다음 세대의 교육대안이다. 이것은 선교와 직결되기 때문이다. 한국 교회의 다음 세대가 무너지고 있다는 것은 어제오늘의 일이 아니다. 한국 교회가 더 늦기 전에 다음 세대의 부흥을 위해 현 시점에서 반드시 해결해야 할 점이 무엇인지 점검이 요구된다.

오늘의 한국 교회가 있다면 유래 없는 부흥을 가져왔던 과거 주일학교가 있었다는 것이다. 불과 40년 전만 해도 대부분의 교회가 장년보다 주일학교 학생 수가 더 많았다. 여름성경학교가 시작되면 예배당에 콩나물시루처럼 아이들이 가득 찼다. 중고등부에서 문학의 밤을 하게 되면 평소 출석 인원보다 3배는 모여들었다. 그때 그 주일학교 자원들이 성장해서 오늘의 한국 교회에 이처럼 부흥과 발전의 계기가 된 것이다. 그러나 오늘의 현실은 판이하게 다르다. 과거와 달리 장년보다 주일학교 학생 수가 현격하게 적다. 한국 교회가 함께 고민해야 할 문제이다.

오늘날 교회의 다음 세대 사역에 장애물을 크게 두 가지로 볼 수 있다.

첫째, 통계청에 따르면 인구감소현상에 원인이 있다.

일각에선 대한민국은 전쟁이나 경제불황으로 망하는 것이 아니라 인구절벽으로 자연 소멸될 날이 다가오고 있다고 했다. 1970년대에는 한 해에 신생아가 100만 명이 출생했다. 현재는 35만 명 출생으로 급감했다. 세계에서 출산율 최저인 나라가 한국이 되었다.

둘째, 인구(人口) 저출산과 4차 산업 시대를 맞이했다.

영국 옥스퍼드 대 철학과 교수인 닉 보스트롬은 그의 저서 《슈퍼인텔리전스》에서 인공지능의 등장은 대재앙이며, 기계들이 지배하는 세상이 될 것이라고 경고했다. 공상과학 영화에서나 보았던 로봇이 세상을 지배하는 시대가 올 것이다. 문제는 교회에 일련의 현상에 대한 대비가 없다는 것이다. 이미 인구절벽과 4차 산업혁명의 장벽에 의해 좌절을 맛보고 있다.

결국 주일학교가 부흥했다는 소식은 교회 언론매체를 통해 희귀하게 들린다. 지난해 총회 산하 1,000여 개 교회의 주일학교 현황에 의하면, 총회 산하 교회 중 주일학교가 있는 교회는 71.1%였다. 주일학교 자체가 없는 교회는 28.9%에 달했다. 한마디로 교회 10곳 중 3곳은 아예 주일학교 자체가 없다. 행여 주일학교가 있다고 해도 명맥만을 유지할 뿐 학생 숫자가 급감하고 있다. 한국 교회 전체로 보면 65%의 교회에 주일학교가 없다. 나머지 35%의 교회도 학생 수가 급감하고 있다. 청소년 사역은 "반응이 없다", "묵념 현상"이라는 말까지 있다. 주일학교 설교 시간에 말씀에 대한 무반응이다. 설교 시간만 되면 청소년들의 대다수가 고개를 숙이고 스마트폰을 들여다본다. 어려서부터 미디어에 노출되고, 화려하고 자극적인 영상만 보았기 때문인지 전통적인 예배에는 적응하지 못한다. 최근에는 가상현실(VR) 미디어로 현실감각을 잃어버린 청소년도 급속히 증가하고 있다.

일련의 고민을 하며 다음 세대 교육에 대한 문제제기와 대안을 마련코자 한다.

1. 다음 세대 교육은 어떻게 해야 할 것인가?

분명한 것은 한국 교회 다음 세대 사역은 위기이다. 그러나 위기는 어느 시대이든 항상 찾아왔었다. 초대교회도 위기 속에서 복음을 전파했다. 분명한 것은 시대가 변했다. 따라서 교육을 바라보는 시선도 달라져야 한다. 현재 한국 교회는 다음 세대 사역의 핵심인 주일학교의 시스템 개발이 시급하다. 이제 과거의 학습방법을 가지고는 통하지 않고 폐단일 뿐이다. 이 의미는 주일학교 시스템을 버리자는 뜻이 아니다.

장로교(통합 측) 총회 정책협의회에서 발표한 자료에 따르면, 2018년 기준 고등부가 없는 교회 48%, 중등부가 없는 교회 47%, 초등부가 없는 교회 47%, 유년부가 없는 교회 47%, 유치부가 없는 교회 57%, 영아부가 없는 교회 78.5%이다. 거의 절반에 해당하는 교회가 중고등부가 없다. 유아부와 영아부는 3%의 교회만 존재하고 있다. 대부분의 교단이 크게 다르지 않다. 필자의 교회 역시 과거 5년 전만 해도 약 1,000명에 육박했던 주일학교가 이제는 절반 이상이 감소되었다.

2. 주일학교 감소에 대하여 어떻게 대처해야 하는가?

과거에는 교육의 목표가 인재양성이었다. 공장이나 회사에서 원하는 사람을 학교에서 양성 배출해 왔다. 이러한 교육목표는 정보통신의 3차 산업혁명에도 일부 유지되었다. 이제는 4차 산업혁명으로 인간의 노동력은 인공지능이 대신할 것이다. 이렇게 되면 학교에서 현재 진행하고 있는 대부분의 교육 과목들은 필요 없게 된다. 지금까지 전문적 지식을 갖춘 인력을 생산해 오던 학교교육은 더 이상 필요하지 않게 될 수 있다. 컴퓨터와 인터넷은 더 이상 교육을 위한 도구가 아니라 목적 그 자체가 될 것이다. 4차 산업혁명에 있어서 학원 교육과정도 바뀌게 될 것이다.

패트릭 그리핀은 교육개발에서 4차 산업혁명은 협동심, 의사소통 능력, 비판적 사고력, 그리고 창조성이 요구된다고 했다. 이전까지의 산업은 한 사람의 전문가가 문제를 해결하는 시대였다면 4차 산업혁명 시대에는 전문가의 영역을 인공지능이 맡게 된다. 반대로 인공지능이 할 수 없는 다양한 전문지식을 융합하여 새로운 창조물을 만들어 내는 일이 요구될 것이다.

이런 맥락에서 4차 산업혁명 시대의 주일학교 교육이 어떻게 변화해야 할지 대안을 3가지로 제시하고자 한다.

1. 성경의 기본적 교리교육을 철저히 해야 한다.

4차 산업혁명의 시대에는 기독교가 추구하는 중요한 진리와 교리교육에 위기를 맞게 될 것이다. 따라서 교회교육은 성경의 기본적 교리교육에 대해 강화해야 한다. 4차 산업혁명 시대의 사람들은 하나님 없이도 과학이 지상낙원을 이룰 수 있다는 '과학 지상주의'를 더욱 추구할 것이다. 결국 과학문명은 신 바벨탑이 될 가능성이 분명하다. 4차 산업혁명 시대는 인공지능이 노동을 대신하게 됨으로써 인간의 정체성과 존엄성은 점점 파괴될 것이 자명하기 때문이다.

현대는 인간보다 컴퓨터가 더 귀하게 여김을 받는 시대가 된 것이다. 인간의 존엄성이 파괴되면 공허한 마음을 채우기 위해 쾌락을 좇게 될 것이다. 해법이 있다면 4차 산업혁명의 세대에는 성경적 바른 교리교육이 절대적으로 요구된다.

2. 공동체 훈련(함께 더불어)을 해야 한다.

4차 산업혁명은 문명의 이기를 누리는 즐거움이 있을지는 모르지만 인간성 파괴, 공동체성 파괴, 빈부격차의 심화, 범죄율의 급증 등 많은 부작용을 낳았다. 특히 성(性) 개방은 크게 쾌락주의로 달려간다. 쾌락주의는 자극주의를 낳았고, 공동체성의 파괴를 낳았다. 그런 맥락에서 공동체성 훈련교육이 더욱 필요하다.

레너드 스위트는 그의 저서 《세상을 호흡하며 춤추는 영성》에서 "추억은 영혼의 거름"이라고 했다. 칼 더들리는 "우리의 믿음은 추억에 기반을 둔다"라고 했다. 특히 체험적 신앙이 공동체성을 띨 때 강력한 힘을 발휘한다. 이스라엘 백성들이 출애굽, 홍해를 건너 광야 40년의 세월 가운데 그들의 공동체성은 영적 공동체 체험의 계기가 되었다. 신약에서도 예수의 부활과 오순절 성령 강림의 공동체성은 제자들로 하여금 순교의 신앙으로 발전케 했다.

이처럼 4차 산업혁명 시대에 교회가 공동체성을 길러 주는 교육 과정을 개발해 나가야 한다. 성령 체험을 위해 반별 MT, 동기별 모임, 성별 모임, 소그룹 수련회 등을 지속적으로 해야 한다. 대규모의 집회도 중요하지만 선후배의 공동체성을 위한다면 소규모의 모임이 더욱 효과적이다. 소규모 공동체는 소형 교회나 주일학교가 없는 개척교회라 할지라도 충분히 가능하다.

3. 상호 수평적 교육으로 전환이 필요하다.

다음 세대는 기성세대와는 완전히 다르다. 기성세대는 주입식 교육과 수직적 질서 속에서 성장해 왔다. 다음 세대는 자유로움과 창의성이 요구된다. 따라서 주일학교 교사들은 이전의 사고에서 벗어나 아이들과 수평적 사고 속에서 평행적 사고로 교육해야 한다. 한마디로 이들의 눈높이 교육에 초점을 맞추어야 한다. 수평적 사고의 중요한 표현은 권위의식이나 주입식이 아니라 '친구' 의식이다. 아이들의 세계 속에 들어가서 함께 어우러지고 함께 뛰놀고 함께 웃고 함께 먹는 교육이 절대적으로 필요하다.

우리 교회에서 '알파'라는 교육을 수년간 행한 적이 있다. 알파 코스의 알파(ALPHA)는 영어 알파벳의 첫 글자들을 모은 말이다.

A (Anyone can come): 누구든지 올 수 있다.
모두 환영의 의미이다.
L (Learning and laughter): 웃으면서 재미있게 배운다.
마음 열기를 의미한다.
P (Pasta): 음식은 함께 먹는다.
환영과 교제이다.
H (Helping one another): 서로 섬기면서 돕는다.
A (Ask anything): 무엇이든지 물어볼 수 있어요.

이처럼 서로 환영받고, 사랑받고, 축복받고, 인정받고, 음식을 먹고 이야기를 나누는 것이다. 앞으로 이러한 교육이 효과적일 것이다. 필자의 교회는 식당을 연회장 개념으로 바꾸었다. 교사들은 아이들과 함께 추억을 만들어 가는 일에 집중해야 한다. 이제 교사와 함께 아이들이 성경의 내용을 고민하며 창조적으로 답을 찾아가는 과정이 필요하다.

여기서 4차 산업혁명 시대의 교육에 맞는 현 총회 다음세대운동 본부장인 주다산교회 권순웅 목사의 "다음 세대 트로이카 선교운동으로 영적 부흥을 이루자"란 글을 소개할까 한다.

3.1. 기독교 다음 세대 트로이카 선교운동

기독교 교육에 다음 세대 트로이카 운동을 실시했다. 이것은 기독교 복음화 현장으로서 교회·학교·가정을 분리적 관점이 아니라 통합적 관점으로 보고자 하는 것이다. 교회는 언약사상으로 하나님께서 성도와 그 자녀에게 주신 언약을 근거로 부모와 자녀를 하나님의 백성으로 살아가도록 양육하고 교육할 책무성을 갖는다. 언약사상에 기초한 교회 공동체는 기독교 학교를 설립해 교회의 자녀들에게 기독교적 교육을 받을 수 있는 기회를 제공한다. 가정도 기독교 교육의 장으로서 의무를 다한다. 한국 선교 초기에는 1908년 기독교계 소학교의 숫자는 542개, 중학교 숫자는 17개로 성장하였는데 예배당 숫자가 897개였던 점을 볼 때, 1교회 1학교 운동이 일어났다고 보여진다. 이후에 일제의 조선총독부는 한국 교회의 교육 선교를 무력화시키기 위해 교회와 교육을 분리시키는 정책을 사용했다.

사실 다음 세대 트로이카 선교운동은 한국 선교 초기에 이미 진행되었던 것이다. 다음 세대 트로이카 선교운동을 주다산 스파크 목회에 적용하고 진행함으로 다음 세대 부흥을 경험하고 있다.

3.2. 다음 세대 트로이카 선교운동으로서의 교회

교회의 분위기가 중요하다. 사회 분위기가 "나 혼자 산다"라고 흐른다면 문제가 있다. 주다산교회는 자녀가 많은 가정이 인기가 있다. 전업주부가 많다. 아기를 가진 산모도 스파크 양육을 받을 수 있도록 돕는다. 스파크 셀에서도 아기 엄마들이 참여한다. 또 여성들을 위한 수요 낮 예배에도 아기 엄마들이 함께 예배하며 신앙을 키워 나간다. 진리의 기쁨을 맛본 여성도들은 가정생활, 교회생활 중심의 전업주부를 지향한다. 영아부, 유치부, 유년부, 초등부는 전국적인 규모다. 중등부도 크게 부흥했다. 그런데 고등부는 중등부에 비교해서 수가 좀 줄었다. 그것은 예배시간을 너무 늦게 시작했기 때문인 것이다. 또 하나는 중등부에서 고등부로 올릴 때 양육이 조금 약한 것 같았다. 청년부는 1부와 2부로 나누어서 활동하고 있다. 나름대로 부흥했으나 주일학교의 유초등부나 중등부와 비교하면 조금은 아쉬운 점이 있다. 그래서 올해부터 주일학교에도 스파크 셀을 도입하기로 했다. 즉 초등부 이상은 무학년 분반제 형태로 셀 활동을 하려고 한다. 주된 목적은 어릴 때부터 소그룹 활동을 하게 하고, 또 소그룹 리더를 키워 내려고 한다.

3.3. 다음 세대 트로이카 선교운동으로서의 학교

교단의 다음 세대 교육은 거의 주일학교에 초점을 맞추고 있다. 즉 선데이 스쿨이다. 주다산교회는 기독대안학교에 대한 준비를 하고 있다. 그 일환으로 도서관을 설립했다. 여기 '말하는 영어 도서관'을 세워 지역주민을 위한 문화강좌를 합법적으로 진행하고 있다. 이것은 도서관법 제31조와 작은 도서관 진흥법 제5조에 근거하여 설립된 것이다. 이곳에서 다음 세대가 영어 도서를 읽고 수학적 사고력을 키우며, 지성과 인성을 작은 도서관에서 훈련한다. 이 훈련이 끝난 아이들 중에 교회 아이들은 다시 교회로 와서 신앙 훈련을 받는 것이다. 또 오케스트라 동호회를 만들어서 많은 아이들이 악기로 음악 훈련을 받으며 문화 활동을 하고 있다. 어떤 가정은 부모와 함께 음악활동을 하며 하나님 사랑을 가정을 통해서 경험하며 성장하고 있다.

3.4. 다음 세대 트로이카 선교운동으로서의 가정

스파크 운동의 대공동체 사역 중 주일 저녁에 드리는 찬양예배 시간을 삼대통합예배로 드렸다. 일명, '하나님께 영광 돌리는 신앙의 명가 세우기 예배'이다. 물론 예배의 대상은 하나님이시다. 예배를 드리는 자들이 신앙의 명가로 세워지기를 소원한다는 것이다. 매 예배시간마다 온 가족이 성경암송 발표회가 있다. 성경퀴즈 시간도 있다. 온 가족이 율동하며 찬양한다. 부모가 자녀를 위하여 축복하는 기도 시간을 가진다. 참여하는 가정마다 많은 열매를 경험하고 축복의 통로가 되고 있다.

이제 한국 교회 다음 세대들이 없다고 상상해 보자. 그처럼 화려했던 교회 건물이 텅 빈 관광하는 교회로 남아 있다고 상상해 보자. 세계 선교는 전설처럼 들리고, 나이 든 할머니 할아버지들이 그때가 좋았지 하며 과거 속의 일들을 추억하는 한국 교회를 상상해 본다. 상상만 해도 맘이 저며온다. 지금이라도 늦지 않았다. 소 잃고 외양간 고치지 말고 다음 세대 교육에 교회가 최선을 다해 투자해야 한다.

다시 한 번 4차 산업혁명 시대를 맞아 분명 무엇인가 변화가 필요하다. 주일학교가 살아야 한국 교회에 미래가 있다. 주일학교에 희망의 울림이 있기를 간절히 소원한다.

II.
다음 세대의
훌륭한 지도력
- 하나님의 리더십

훌륭한 지도력은 덕과 꿈과 실력을 통합한 자로서, 인류공동의 문제를 해결하여 더불어 사는 평화로운 세상을 만들어 내는 하나님의 지도력을 가진 사람에게서 나타난다.

최근 들어 지도력이 사회와 교회의 이슈로 부각되었다. 얼마나 심각한 지도력의 부재였으면 월드컵 이후 히딩크 신드롬까지 등장했겠는가? 무엇을 말하는가? 이것은 조직이나 단체나 기관이나 교회, 선교에 있어서 훌륭한 지도력을 원하고 있다는 것이다. 여기선 편의상 지도력을 리더십 용어로 사용하려고 한다. 역사적으로 리더십이 중요하지 않은 때는 한 번도 없었다. 인류의 3대 혁명을 살펴보면 리더십의 형태만 다르지 리더십이 중요했다. 여기 인류 3대 혁명과 리더십 형태를 살펴본다.

* 인류의 3대 혁명과 리더십의 형태

구분	농업	산업	디지털
변화동인	원시도구	기계	디지털
변화속도	5000년	점진적 200년	광속 30년
변화주체	물리력	경제력	지식과 구조
통제구도	혈연 지연	관료 중앙집권	수평 네트워크
리더십	통합 통제	체계 집중화	자율 창의 프로토콜(규약)

최근에 리더십이 부각된 것은 아래의 몇 가지 이유에 근거한다.

첫째, 변화의 속도이다.

변화의 속도 때문에 발생한 위기감 때문에 사람들은 위기감을 극복하기 위한 대안으로 리더십을 가진 사람들이 나타나기를 기대하고 있다. 이것은 20세기 말에 사상가들이 발표한 입장과 연결되어 있다.

20세기 말의 선각자이자 사상가들은 모두 20세기 이후 세기를 이렇게 표현한다.

① 피터 드러커(Peter Drucker) — 단절의 시대(the Age Of Discontinuity)
② 웰스(H.G. Wells) — 혼란의 시대
③ 오든(W.H. Auden) — 불안의 시대
④ 소로킨(Pitrim Sorokin) — 위기의 시대
⑤ 알렉산더(Frans Alexander) — 불합리의 시대
⑥ 브레진스키 — 통제불능의 시대
⑦ 갈브레이드 — 불확실성의 시대

이러한 위기는 변화의 가속화로 인해 생기는 현상이다. 변화가 느린 것은 예측이 가능하지만 빠른 것, 불규칙한 것은 예측이 불가능하다. 물론 불확실성과 불규칙성을 예측하기 위해서 카오스 이론이 등장하였으나 그것도 이제야 걸음마를 하고 있는 실정이다.

둘째, 경영과 리더십의 만남이다.

경영의 세계화로 인한 기업체들의 무한경쟁 때문에 경영과 리더십의 만남으로 리더십이 부각되었다. 1990년 이전에는 기업체에서 주로 지도력보다는 관리를 중심으로 한 경영력이 강조되었다. 그러나 시간이 흐르면서 경영학은 결국 리더십과 만날 수밖에 없었다. 《에

버랜드 서비스 리더십》, 《성자 리더십》, 《열정과 몰입의 방법(동기)》, 《성공하는 사람들의 7가지 습관》 등은 그 좋은 예라 할 수 있다. 대부분의 기업 관련 서적들이 이제는 CEO의 리더십에 대해서 다룬다. 훌륭한 경영인은 훌륭한 지도자여야 한다는 쪽으로 제시한다. 또한 성경의 인물들의 리더십을 CEO로 연결 짓고 있다.

리더십 연구의 권위자인 맥스웰의 책에서도 존 가드너의 경영자와 리더 경영자를 구분하는 사례를 들고 있다.

① 리더 경영자는 매일의 위기상황과 분기별 결과를 뛰어넘어 볼 수 있는 장기적인 안목의 소유자이다.
② 자회사에 대한 리더 경영자의 관심은 그들이 관할하는 부서에 국한되어 있지 않다. 그들은 회사 전체 부서가 각각 어떻게 상호간에 영향을 줄 수 있으며, 계속해서 그 독특한 영향력의 범주를 뛰어넘을 수 있는지를 알기 원한다.
③ 리더 경영자는 비전, 가치, 동기에 큰 비중을 둔다.
④ 복합적인 요소 가운데서 발생하는 갈등 요인을 대처할 수 있는 강력한 행정 기술을 가지고 있다.
⑤ 현상유지에 만족하지 않는다.

경영이란 조직체가 존립하는 목표를 달성하기 위한 관리와 운영에 관한 기능이다. 반면 리더십은 사람들을 대상으로 한 비전과 가치와 동기를 다루는 기능이다. 초기 기업체에서 관리와 평가를 통한 경영기법으로 출발하였으나 결국 발견한 것은 관리 평가의 대상이 사람이라는 사실이었다. 즉 사람은 관리나 평가보다 비전과 가치와 동기를 부여하는 것이 훨씬 더 효과적이며, 효율적인 업무를 수행한다는 점이다. 경영학 도서의 주제들이 대부분 가치, 동기, 비전, 학습, 팀워크 등으로 바뀐 것은 바로 이 때문이다. 결국 요즘에 리더십에 관한 책을 사면 경영과 리더십이 하나로 묶여 있는 것을 발견하게 된다.

1. 역사 변혁의 동력으로서의 리더십

오늘날 대중적인 입장에서 리더십이 다루어진 것은 참으로 고무할 만한 일이다. 물론 최근의 리더십 이슈는 생존과 안전의 필요에 근거한 것이긴 하지만 그만큼 시민에게 큰 자유가 주어졌다는 것을 의미한다. 이것은 마치 교육이 고대에는 왕족 계급 유지에 사용되고, 중세에는 귀족 계급까지 확장되고, 근대에 와서 지식인 계급까지 확장된 후에 오늘날에는 모든 시민들에게 그 혜택이 주어진 것과 유사하다.

최근의 리더십 동향이 생존과 안전의 필요에 의한 것이라고 하더라도 그것이 지니는 의미는 모든 인간에 대한 존엄성과 가치를 인정하는 데서 출발하고 있다. 이제 누구든지 리더가 될 수 있다는 그 사실 하나만으로도 최근 부각되고 있는 리더십의 이슈는 인류의 희망이 되는 일이다.

역사를 돌아보면 대중적인 리더십 동향과 관계없이 리더십의 필요와 중요성은 계속적으로 강조되어 왔다. 단지 그것이 대중적이 아니었을 뿐이다. 대부분 리더십은 국가, 군주, 귀족 등의 계급이나 기타 종교기관 등에서 다양한 형태로 표현되어 왔다. 모든 단체나 국가가 그 기관의 장래를 염려할 때 그 대안으로 사람을 키우는 데서 시작했다.

소수의 사람들, 소수의 집단들만이 리더에 대한 필요를 느꼈다. 귀족과 평민으로 구분된 근대 이전의 사회에서는 사람을 키우는 일은 평민들에게 허락된 일이 아니었다. 왜 리더십에 관한 문제가 대중화되지 않았는가 하는 것은 바로 여기에 답이 있다. 인재, 리더의 양성은 모두 국가의 장래, 혹은 그 종교단체나 기관의 중앙에서 다루어야 할 핵심 사안이었기 때문이다.

어떤 국가, 어떤 역사를 보더라도 인물 중심의 역사가 그 기본이 된다. 그렇다고 인물중심사관이 옳다는 것은 아니지만 인물을 빼고 나서 인류사를 이야기할 수는 없다. 아무리 민중사관을 따른다고 하더라도 민중들을 이끈 지도자가 그 민중을 대표하게 된다.

이 말은 역사의 동인이 무엇인가에 대해서 생각하게 한다. 역사의 동인이란 일반적으로 자연적 요인으로 기후, 지형, 토양, 자원으로 보는 것과 둘째 사회적 요인으로 사회조직, 정체(政體), 생산력 및 생산관계 등을 중요시하는 것, 셋째 인간적 요인으로 지식, 성취 의욕, 리더십 등에 초점을 맞추는 형태, 그리고 넷째 정신적 요인으로 신앙, 신념체계, 이데올로기 등을 강조한다.

사실 이러한 역사의 동인 중 어느 것 한 가지로 대변하기는 어렵다. 사실 역사의 흐름을 결정하는 영향력 있는 것을 순서대로 정리해 본다면 아마 신앙, 사상이 그 첫째가 될 것이다. 그러나 이 신앙과 사상이 형성된 과정을 본다면 기후와 지형, 토양, 자원에서 시작된다. 마빈 해리스의 《문화의 수수께끼》라는 고전에서 말하는 것을 보면, 모든 사상들이 대부분 그 상황에서 탄생한다고 증명한다.

또 재미있는 사실은 자연적 요인이 정신적 요인을 만드는 과정을 보면 그 중간에 인간이 서 있고, 그 인간들이 형성한 사회가 있다. 순서로 본다면 자연적 요인이 인간사회의 형태를 결정하게 되고, 사회의 문제를 해결하기 위해서 탁월한 사람들이 태어나 사상을 형성하고 신앙을 추구하게 된다. 이러한 일련의 과정들을 통해 사상과 신앙이 형성되면, 형성된 사상과 신앙은 오고 오는 사람들에게 영향을 미치게 된다.

결국 자연적 요인에서 시작된 역사 변동의 동인은 사회와 인간적 요인을 거쳐 사상과 신앙으로 귀결된다. 영향력의 정점인 사상과 신앙의 힘의 원천은 자연과 사회에 있지만 이를 집약하고 정리한 것은 사람으로 귀결된다. 이 4가지 요인들은 모두 다 역사 동인의 구성요소이긴 하지만 그 중심 요인은 역시 사람인 것이다.

역사 동인의 중심이 사람이라고 하는 것은 모든 사람을 이야기하는 것은 아니다. 사상을 창조한 사람, 민중을 이끌어 변화를 창조하는 리더, 학문의 세계를 구축하여 인류의 문명을 향상시키는 사람을 말한다.

흔히 기업의 3대 요소는 사람, 자본, 기술이라고 한다. 자본과 기술, 시스템이 아무리 많고 좋아도 그것을 움직이고 사용하는 사람이 있어야 한다. 예수는 자신이 세상에 온 뜻을 달성하기 위해서 12 제자를 키우는 데 초점을 맞추었다. E.M. 바운즈는 "사람이 곧 하나님의 대안이다"라고 표현했고, 손봉호 교수는 "지금껏 한국교회는 벽돌에 투자했다"고 지적하면서, 하나님의 바라심은 벽돌이 아니고 사람이라고 강조한다. 미 국무성 정책기획부 실장으로 있는 프랜시스 후쿠야마는 일본의 발전 요인을 고도로 교육된 인재들이 사회발전의 동력이라고 지적했다.

지금까지 내용을 통해 우리는 역사의 동인, 사회발전의 동인, 변화의 동인이 될 수 있는 4가지를 살펴보고 그중에 인간 요소, 특히 리더 요소가 그 중심이 된다는 것을 살펴보았다. 이런 리더 요소가 최근 사회의 이슈가 되었다는 것은 인류 발전에 더없이 큰 영향을 미칠 수 있는 기회가 될 것으로 예측할 수 있다. 즉 소수의 사람들만이 리더십에 대해 고민하는 것이 아니라 다수의 대중이 참여하여 리더십을 연구한다면 우리 사회의 앞날은 훨씬 더 밝을 수밖에 없는 것이다.

문제는 어떻게 더 탁월하고 훌륭한 리더십을 가진 사람을 발굴하고 양육할 수 있는가 하는 것이다. 한 사람의 전문가도 스킬과 그 자신을 분리할 수 없는데, 리더십이야말로 존재와 리더십을 분리할 수 없기 때문이다. 이를 위해서 훌륭한 리더십이 무엇인가를 정의하면서 훌륭한 리더십을 향하여 도전해 보자.

2. 리더십이란?

리더십에 대한 정의를 보면 다양하지만 그 속에 흐르는 맥은 유사하다. 그중에 가장 고전적인 리더십의 구성 요소는 포용력, 결단력, 통솔력이다. 포용력은 사람을 이해하고 수용하는 능력이요, 결단력은 목표 중심의 삶이며, 통솔력은 사람들을 이끌어 가는 능력으로서 자기 분야에 대한 탁월한 경험과 실력을 의미한다.

토인비는 고전적인 견해를 다음 4가지로 요약해 설명한다.

첫째, 통찰력(Insight): 보통 사람보다 한 걸음 앞서서 사물을 간파하는 힘으로서 분석과정을 떠나서 전체를 볼 수 있는 안목이요, 사고력이다.

이순신 장군은 단지 121명의 군사와 12척의 배를 가지고 왜군과 싸워 이길 수 있다는 생각을 했다. 그것은 바로 울둘목을 이용하는 것인데 이것은 배의 숫자보다 더 중요한 승산의 조건이었기 때문이다. 이순신은 전쟁에서의 승리란 숫자가 첫째 조건이지만 둘째 조건은 바로 장소와 전략임을 깊이 알고 있었던 것이다. 이것이 바로 통찰력이다.

둘째, 포용력(Tolerance): 타인의 잘못을 싸서 덮어 주는 것을 가리킨다. 물론 거기에는 이유가 있다. 에이브러햄 링컨과 정치적 의견을 달리하는 새먼 체이스라는 상원의원은 링컨을 심하게 모욕하는 사람이었다. 링컨이 대통령이 되어서 재무장관의 자리에 새먼 체이스를 임명하려고 할 때 대부분의 참모는 반대했다. 이때 링컨은 저가 나에게 좋은 말을 했든, 나쁜 말을 했든 그것이 중요한 것이 아니고, 누가 그 일에 적임자냐가 중요하다고 하며, 저는 정직하고 정의로운 일에 용감하며, 결단력이 있다고 추대하며 그를 임명했다.

셋째, 절제력(Moderate): 자신에게 주어진 권력과 힘을 개인과 분리시켜 사용할 줄 알며, 욕심을 따르지 않는 능력으로 균형과 조화를 이루는 힘을 말한다.

미국의 초대 대통령 조지 워싱턴은 영국과의 독립전쟁을 승리로 이끈 뒤 8년의 재임기간을 마치고 3선에 또다시 선임되었다. 이때 의회에서 반대하였는데 워싱턴의 막료들은 이를 거부하고 정치적 전복을 제안했다. 그들의 제안에 워싱턴은 "아니오. 의회가 우리를 세워 주었는데, 힘 있을 때 힘으로 말고 그 힘으로 모두가 잘되게 합시다"라고 말하며 고향으로 내려갔다.

넷째, 지구력(Persistence): 지속적으로 계속하는 힘, 안 되도 또 해보고 끝까지 해보는 끈기를 말한다.

지구력은 인내심과 같은 말이다. 지구력의 본질은 고통을 참아내는 능력이라고 할 수 있다. 고통을 참는 것은 고통을 자주 당하면서 참는 훈련이 되어 있어야 한다. 반대로 고통을 당했지만 참지 못한 경우가 많다면 되레 고통을 피하게 된다.

"아라비아의 로렌스"라는 영화에서 젊은 소위 로렌스가 적임자로 추천받고 임관한다. 오지에서 오랫동안 고생을 해온 사병들은 로렌스를 무시한다. 로렌스는 부대원들이 정렬한 곳에 갔다가 무시하는 그들에게 교훈을 주기 위해서 군대용 성냥에 불을 붙인 다음 그것을 손으로 감싼 채 돌아서 간다.

이 모습을 본 사병 중 한 사람이 비웃으면서 자신도 할 수 있다면서 성냥불을 켜서 손에 쥔다. 너무나 뜨거워서 소동을 피우는 사병을 돌아보면서 로렌스는 그때까지 성냥 불을 쥔 주먹 안에서 연기가 나고 있는 손을 펴면서 "뜨거운 것은 다 마찬가지다. 다만 참는 것이다"라고 하며 나가 버린다. 즉, 너희들과 나의 다른 점은 힘든 것은 마찬가지지만 리더로서 참는 힘이 다르다고 말한 것이다. 힘들고 괴로운 것은 마찬가지지만 견디고 참아내는 데서 리더는 다르다는 것을 보여준 것이다.

* 리더십의 정의에 대한 비교

내용 구분	특 성
덕(인격)	1. 주자 오자의 관대함, 정직함, 온유함, 책임감 2. 고전적 포용력 3. 토인비의 포용력, 지구력, 절제력 4. 피터 센지의 교사 역할
꿈(비전)	1. 토인비의 결단력 2. 베버의 열정 3. 중국의 현자들이 말한 대의명분 4. 피터 센지의 비전 위탁자 역할과 목표와 긴장유지 역할
실력(능력)	1. 토인비의 통찰력 2. 베버의 목표를 세우는 힘 3. 주자의 능력과 겸손 4. 오자의 신중한 일 처리 능력 5. 피터 센지의 설계자 역할

* 리더십의 최근 정의

위의 리더십에 관한 여러 가지의 비교를 통해 살펴본 것을 종합하면, 리더십은 크게 나누어 덕과 꿈과 실력이라는 틀로 구분해 볼 수 있다.

최근 들어 이러한 구분들을 하나로 묶어 표현하는 정의가 있는데 바로 '영향력'이라는 단어이다. 즉 리더가 되게 만드는 동력이 영향력이라는 것이다. 그러나 영향력은 리더십의 유의어이므로 정확한 리더십의 정의로 보기는 어렵다. 단지 리더십을 알기 쉽게 나타내는 또 다른 어휘이다. 정확하게 리더십을 정의한다면, '사람들을 공동의 비전으로 하나가 되게 하여 목표를 달성시켜서 공공의 행복을 얻게 하는 본질적인 힘'을 말한다.

여기서 말하는 본질적인 그 힘을 하나로 말하기 어렵기 때문에 그냥 '힘' 즉 '영향력' 혹은 '리더십'이라고 부르는 것이다. 이런 표현 방식과 유사한 예를 들어보자. '죽었다'는 말을 '돌아가셨다', '숨졌다', '작고하셨다', '별세하다', '하직하다', '서거하다' 등으로 바꾸어 말할 수 있는데 이것은 상황에 따라 어휘를 바꾸어 씀으로써 그 의미를 명확하게 하기 위함이다. 그러나 이 모든 유사어들을 종합하여 '죽었다'는 것을 설명하기 위해서는 적당한 문장으로 표현해야 한다. '한 사람의 생명의 모든 기능이 정지하였다'라고 표현할 수 있다.

이처럼 어떤 것을 설명하는 방식에는 예증 방식과 정의 방식과 논증 방식이 있는데, 예증 방식은 비슷한 사례들을 모아서 설명하는 것을 말하고, 정의 방식은 그것의 본질과 기능과 목표를 문장으로 설명하는 것, 그리고 논증 방식은 설명 대상의 진위를 드러내기 위해서 논리적이고 합리적인 이치를 따라 설명하는 것이다.

예를 들면 '과일'을 설명할 때 예증 방식은 오렌지, 사과, 배, 감 등을 들어서 설명하는 것이고, 정의 방식은 위에서 말한 리더십의 정의를 의미하며, 논증 방식은 '왜 그것이 리더십인가?'라는 질문에 답할 때 쓰인다. 앞에서 필자가 "'영향력'이 정확한 리더십의 정의라고 할 수 없다"고 말하면서 왜 그런가에 대해서 지금까지 설명했는데 이것이 바로 논증 방식이다.

결국 '영향력'이라는 단어는 리더십의 또 다른 표현이기 때문에 우리는 리더십의 정의를 좀 더 정확하게 설명해 보았다. '사람들을 공동의 비전으로 하나가 되게 하여 목표를 달성시켜서 공공의 행복을 얻게 하는 본질적인 힘'을 리더십, 혹은 영향력이라고 말하는 것이다.

이제 이러한 힘을 우리가 얻기 위해서는 그 힘이 어떻게 만들어지는지 그 과정을 추적해 보자. 2가지 질문이면 그 과정을 알 수 있을 것이다. 첫째는 리더십을 입증하는 통로로서 피 리더들이 보여주는 반응을 중심으로 알아보는 방법과 둘째는 피 리더들이 그러한 반응을 일으키도록 만드는 요인을 찾아보면 리더가 가지고 있는 자질들을 알 수가 있을 것이다. 이 탐색과정에서 피 리더가 리더에게 보여주는 최고의 찬사를 포함하게 되는데, 이것은 훌륭한 리더십을 전제로 한다. 즉 특별한 예가 된다고 하더라도 최종적인 리더십의 경지를 포함한 질문을 가지고 탐구해 보자.

3. 훌륭한 리더십을 입증하는 팔로어들의 반응

첫째, 신뢰이다.

신뢰는 인격을 바탕으로 한 신뢰와 문제해결에 근거한 신뢰, 그리고 리더가 제시한 비전에 대한 신뢰로 나누어진다. 인격적 신뢰는 리더가 어떤 일이 있어도 자신이나 사회나 인류에게 악을 행할 사람이 아니며, 언제나 선을 행하는 사람임을 믿는 것이다. 문제해결능력에 대한 신뢰는 우리가 당하고 있는 어려움이나 고통을 해결할 수 있다는 믿음을 말한다. 그리고 비전에 대한 신뢰는 리더가 보는 안목이 옳다고 인정하는 것이며, 그것에 대해 자신의 인생을 걸겠다는 뜻이다.

둘째, 존경이다.

훌륭한 리더십은 철저한 존경에 근거한다. 신뢰는 옳은 일을 행할 것이라는 믿음이지만 존경은 고개를 숙이고 그를 따를 만한 희생과 헌신의 삶을 통해서 나타난다. 존경도 신뢰와 마찬가지로 선행과 문제해결로 나누어 볼 수 있다.

셋째, 팔로어들의 참여이다.

참여는 피 리더들이 리더의 리더십을 확신하는 것이다. 그래서 참여란 리더십을 증명하는 시금석이다. 피 리더들의 참여는 리더가 제시하는 공공의 문제를 자신의 문제로 수용하겠다는 선언이기 때문이다.

넷째, 희망의 확인이다.

리더와 함께 출발한 팔로어들은 자신이 참여한 일이 잘되기를 빌게 된다. 그러나 이 희망이 구체적인 사실로 변화되어 갈 때 바라봄에서 경험으로 확인될 것이다. 이 경험은 리더가 제시한 문제의 해결책과 그 결과의 가능성을 경험하는 것을 말한다. 훌륭한 비전일수록 그것을 달성할 수 있는 시간은 길어지기 때문이다.

다섯째, 팔로어들의 선전이다.

신뢰에서 존경, 존경에서 참여와 헌신으로, 그리고 희망과 느낌으로 나아간 다음에 남은 것은 피 리더들이 자신들을 이끌어 준 리더에 대해서 이야기하는 것이다. 역사 이래로 위대한 분들은 모두 그 제자들이 스승의 업적을 빛내 주었다.

여섯째, 헌신이다.

리더가 제시한 길을 참여하여 나가면서 희망을 가능성으로 확인한 후 모든 사람들에게 전도자가 된다. 그리고 자신의 인생을 자신의 리더와 같은 수준으로 헌신하게 된다. 이 모든 일들은 리더에 대해 피 리더가 보여주는 반응들이다.

4. 훌륭한 리더에게 있는 특별한 것(?)

팔로어들이 선전해 주기까지 과정을 살펴보면 리더에게는 뭔가 특별한 것이 있음에 틀림이 없다. 그 특별한 것이 무엇일까? 주님께로부터 온 것일까, 아니면 부모에 의해 길러진 것일까, 스스로 훈련을 통해 얻은 것일까?

이 3가지를 통해서 얻어졌을 것이다.
첫째, 하나님이 인간에게 주신 고유의 능력과 잠재력, 하나님을 닮은 형상, 인간의 욕구 등은 모두 주님의 선물이다.
물론 이 선물은 누구에게나 주어졌다고 모든 사람이 다 이용할 수 있는 것은 아니다. 한 사람이 태어나기 전에 만난 부모의 성향, 부모의 인격, 부모의 가족 환경, 경제환경, 부모의 친구와 사회적 지위와 같은 것들은 한 사람에게 주어진 잠재력을 깨우는 데 중요한 영향을 미친다. 이 부모의 환경이 동일하지 않기 때문에 인간 내부에 있는 잠재력은 서로 다른 결과를 가져오게 된다.

둘째, 아이들이 태어난 후 부모에 의해 길러지거나 선생님들에 의해서 길러진다. 이 부분도 아이들에게는 선택권이 거의 없다. 어떤 면에서 하늘의 선물이라고 할 때 이 영역도 해당이 될 수 있다.

셋째, 스스로 노력하여 리더십의 원천을 얻은 경우가 있다.

이 3가지 모두 동일한 것은 리더십의 원천은 어떻게 얻었다고 할지라도 그 모양이나 기능은 같을 수밖에 없다는 점이다. 왜냐하면 사람들이 반응하는 결과가 같다는 것은 리더에게서 나오는 원인이 같다는 것을 의미하기 때문이다.

그럼 리더들이 피 리더를 이끄는 특별한 것이 무엇인지 찾아보자.

첫째, 리더에게는 선한 마음이 있다.
선한 마음은 내적 완성을 이룰 수 있는 중요한 자질이다. 이 자질 때문에 피 리더들은 리더를 신뢰한다. 문제는 자신이 가지고 있는 마음이 선한지 그렇지 않은지를 구분하는 능력이다. 여기서 위선이 발생하기 때문이다.

생명을 가진 모든 생물은 상대방이 선한 마음을 가졌는지 그렇지 않은지를 감각적으로 느낄 수 있다. 물론 사기꾼의 말에 속은 경우 그들의 위선을 알아차리지 못하는 경우도 있다. 그러나 이런 경우는 대부분 자신의 욕심 때문에 사기꾼의 행동에서 풍기는 것보다 말을 믿기 때문에 생기는 일들이다. 마음이 청결하고 선한 사람들은 위선적인 사람들을 금방 구분할 수 있다. 눈과 몸은 마음을 반영하기 때문이다. 설사 위선을 행하는 사람이 자기합리화를 통해 자신의 위선을 스스로 모르고 있다고 해도 진실하고 선한 사람들에게는 그것이 압박으로 느껴지게 되어 있다. 즉 다르게 느껴지는 것이다. 자신과는 다른 종족이요, 다른 문화를 가지고 있다는 것을 느끼게 되는 것이다. 이처럼 선한 마음은 선한 사람들을 알아보게 하는 것이다.

선한 마음은 신앙 용어로 자비심이다. 하나님이 인간을 사랑하시는 것은 하나님의 자비로우심 때문이다. 자비심은 윗사람이 아랫사람에게, 또는 자비심을 가진 사람이 자비심이 없는 자에게 주는 것이다. 아마 자비심을 기르는 훈련을 받아 본 사람은 없을 것이다. 즉 자비심은 주님으로부터 타고난 천성이라는 의미이다.

심리학의 발달과 교육학의 진보로 인해 자비심, 선한 마음, 착한 마음은 길러질 수 있게 되었다. 요즘에 일고 있는 마음 바꾸기의 프로그램들은 그 목적이 자신의 행복에 그 초점이 맞추어진 경우가 많다. 어떤 경우가 되었든지 인간이 자비심을 증가시킬 수 있다는 것은 리더가 될 수 있는 모든 준비가 되어 있다는 뜻이기도 하다.

둘째, 리더에게는 하나님의 뜻을 이루려는 비전이 있다.

하나님의 뜻을 비전으로 갖는 것은 먼저 하나님의 뜻을 안다는 의미가 들어 있다. 우리는 하나님의 뜻을 너무나 간단히 구원에 관한 도리로 치부함으로 인해 하나님의 참 소원을 간과하는 경향이 많다. 하나님의 소원은 하나님이 창조하신 이 세계를 중심으로 봐야 한다. 즉 이 세상을 만드신 하나님의 마음은 조화와 평화라는 말이다. 바울은 이 사실을 이렇게 깨달았다.

""피조물이 고대하는 바는 하나님의 아들들이 나타나는 것이니 피조물이 허무한 데 굴복하는 것은 자기 뜻이 아니요 오직 굴복하게 하시는 이로 말미암음이라 그 바라는 것은 피조물도 썩어짐의 종 노릇 한 데서 해방되어 하나님의 자녀들의 영광의 자유에 이르는 것이니라 피조물이 다 이제까지 함께 탄식하며 함께 고통을 겪고 있는 것을 우리가 아느니라 그뿐 아니라 또한 우리 곧 성령의 처음 익은 열매를 받은 우리까지도 속으로 탄식하여 양자 될 것 곧 우리 몸의 속량을 기다리느니라"(롬 8:19-23).

제2장 다음 세대(Next Generation)

구원받은 자들은 이 세상 모든 피조물에게까지 하나님이 원하시는 평화를 펼쳐 보여야 한다. 되레 하나님을 믿지 않는 이들 중에 하나님이 원하시는 일을 하는 사람들이 있다. 하나님의 피조물인 자연을 돌보는 일부터 기근과 고통에 빠진 이웃을 돌보는 일에 이르기까지 우리가 미처 생각하지 못한 부분에 도움의 손길을 펴고 있다. 우리는 그들이 하나님의 뜻을 이루어 가는 모습을 보면서 그들에게 감사의 마음을 전해야 한다. 우리가 해야 할 일을 그들이 대신하고 있으니 얼마나 미안하고 감사한 일인가!

하나님의 뜻을 알려면 하나님이 복음 안에서 나를 구원하여 어디에 사용하시기 원하시는지를 알아야 한다. 주님은 산상보훈에서 소금과 빛의 비유를 통해 우리의 착한 행실을 통해 세상 사람들이 하나님께 영광을 돌리게 하라고 명하신다.

셋째, 리더에게는 하나님의 뜻을 자신의 사명으로 인식하고 죽음에 이르기까지 헌신할 자세가 있어야 한다.

하나님의 뜻은 복음 전파 확장이나 교회의 확장과 조직체의 확장을 의미하는 것이 아니다. 하나님의 뜻은 하나님을 왕으로 모시고 그 왕이 이 세계에 대해서 갖고 있는 비전을 자신의 사명으로 수용하는 것을 말한다. 이러한 자세는 결국 인류를 향한 하나님의 뜻을 말한다. 즉 하나님의 피조물들이 하나님의 자녀들로 인해 평화를 누리는 것이며, 이것은 복음의 세계화라는 말보다 복음을 가진 사람들이 갖고 있는 삶의 스타일을 의미하는 것이다.

넷째, 리더에게는 이 사명을 성취하기 위해 자신이 리더로 부르심을 받았다는 사도적인 자세가 필요하다.

이 항목은 리더가 하나님의 뜻을 자신의 사명으로 인식하는 것과 연관되어 있다. 대부분 이러한 사명을 갖게 되면 리더로서 부르심도 함께 깨닫게 된다. 물론 학자나 사상가, 그리고 전문가들도 하나님의 뜻을 이루는 데 그 역할을 다할 수 있다.

하나님의 뜻은 하나님의 나라가 펼쳐지기 때문에 대부분 리더라는 틀 속에서 성취된다. 물론 의사가 리더로 활동하거나 법률가가 리더로 활동하는 것은 전문가형 리더라고 할 수 있다. 결국 어떤 전문가형 리더라도 리더의 기본적인 틀을 벗어날 수 없으니 하나님 나라의 성취는 리더들에게 맡겨진 고유의 사명인 것이다.

다섯째, 리더는 사명 성취에 필요한 기능, 즉 팔로어들을 이끄는 능력과 목표를 달성시킬 수 있는 능력을 갖고 있어야 한다.

리더는 하나님의 뜻을 자신의 사명으로 삼은 후에 그것을 달성할 수 있는 준비를 해야 한다. 이때 중요한 것은 사명은 리더의 생전에 이룰 수 있는 것들이 아니라는 사실이다. 사명이 구체적인 사역으로 바뀌기 위해서는 자신의 생존 시까지 할 일과 그 이후 계승자들이 할 일들에 대해서 미리 알고 있어야 한다. 훌륭한 리더는 수백 년을 내다보면서 자신이 할 일을 위해 필요한 기능을 갖추어야 한다. 일반적으로 이 부분에 관한 능력은 경영능력으로 보는 것도 좋다. 목표달성을 위한 리더십은 조직의 관리 운영 평가를 중심으로 한 기능이다. 물론 앞에서 말한 대로 피 리더들에 대한 비전, 가치, 동기부여라는 틀이 준비되어 있을 때 더욱 그 결과가 좋을 것이다.

여섯째, 리더에게는 자신이 없어도 사명이 성취될 수 있도록 후계자를 세우는 능력이 필요하다.

후계자를 세우는 것은 리더십이 검증 받을 수 있는 최종적인 기회이다. 후계자가 인정하는 리더이어야 참된 리더이기 때문이다. 할 수 있는 한 후계자는 자신보다 더 탁월해야 한다. 물론 초창기 사업을 벌인 사람들이 탁월한 것은 사실이지만 탁월성의 영역이 다르기 때문에 얼마든지 탁월하게 양육할 수 있다.

지금까지 이야기한 리더십에 대한 이야기를 총정리하면서 훌륭한 리더란 누구인가에 대해 대답해 보자. 위에서 말한 것은 훌륭한 리더십에 대한 주제로 그 리더십을 가진 리더란 누구인가에 대해 정리한다.

5. 훌륭한 리더십의 구체적인 역할

리더십은 집단의 상호관계 및 상황 요소를 다루는 행동과학적 기능, 구성원의 지위와 역할 차원을 다루는 경영학적 기능, 집단의 목표달성 차원을 다루는 정치 사회적 기능으로 나눌 수 있다.

첫째, 리더십에 있어서 행동과학적 측면은 리더와 팔로어 사이에서 나타나는 행동법칙을 연구하여 리더의 행동을 조정하고 피 리더들의 행동을 교정할 수 있는 길을 제시한다. 이 분야는 구성원의 상호관계를 중시하며, 특히 상황적 요소를 강조한다. 이때 상황적 요소란 리더와 추종자 사이에 놓여 있는 환경 요소를 말하며, 리더십이 효과적으로 발휘되려면 이 상황 요소들이 긍정적 관계형성을 도와야 한다.

긍정적 관계란 주로 상호간의 신뢰와 존경을 말하는데, 이를 통해서 다음 단계의 경영관리적인 면이 효율성이 발휘되어 정치사회적 기능을 통한 목표 달성이 가능해지는 것이다. 다시 말해, 행동과학적인 측면에서 리더에게 필요한 자질이나 리더가 갖추어야 할 기능이 분명하게 밝혀지고 리더가 이를 잘 수용할 경우 조직의 목표를 달성하는 데 중요한 기여를 하게 된다.

둘째, 리더십의 경영 관리적 측면은 공식적 지위와 그 역할에 초점이 맞추어져 있다. 리더십은 경영관리자의 기능 가운데 주요 부분에 속한다. 경영관리자의 기능은 크게 계획 기능, 조직 기능, 지휘 기능, 통제 기능으로 나뉜다. 우리는 지휘 기능을 리더십과 동일시하는 경향이 있으나, 리더십은 사실상 업무계획 및 배정, 동기부여, 지도, 지원, 피 리더의 능력 개발, 의사소통 등 모든 것과 연관되어 있어 경영관리자의 기능 전체가 리더십과 연관됨을 알 수 있다.

셋째, 정치 사회적 기능은 조직체가 추구하는 사명과 목표를 성취하는 것인데, 이를 위해 다음 3가지 문제에 초점을 맞춘다.

① 조직체의 사명과 인류 내에서 역할의 문제이다.
이 문제를 보다 효과적으로 해결하기 위해서는 외부환경, 곧 외부 집단과 내부상황을 고려하여 조직의 목적을 가장 효율적으로 실현시켜야 한다.
② 조직체의 일체성 유지문제이다.

조직의 가치와 독특한 아이덴티티를 설정하고 추구하며, 이를 지속적으로 유지할 필요가 있다.

③ 조직 내부의 갈등을 조정하는 문제이다.

조직체의 안정을 위해 구성원 사이 또는 집단 사이의 갈등을 극소화시키고 자발적인 상호협조를 극대화시킬 필요가 있다.

리더십에 있어서 정치 사회적 측면은 결국 외부 사회집단과 내부 조직구성원으로부터 협동과 상호작용을 얼마만큼 이끌어 내느냐에 따라 그 성패가 달라진다.

결국 훌륭한 리더십은 위에서 말한 3가지 영역의 역할을 할 수 있는 능력을 가지고 있어야 한다. 첫째 리더와 구성원 사이에서 발생하는 상황 속에서 상호관계를 긍정적으로 만들어 가는 역할, 둘째 기획, 조직, 지휘, 통제를 통하여 목표를 달성하게 하는 역할, 셋째, 조직의 사명을 달성하기 위하여 하나됨을 유지하고 갈등을 조정하는 역할을 말한다.

6. 훌륭한 리더가 가져야 할 하나님의 리더십

위에서 말한 리더의 3가지 역할은 3가지 리더십을 의미한다.

첫째, 행동과학적 측면에서 볼 때 리더는 팔로어들에게 가장 믿을 만한 사람이어야 한다. 즉 신뢰할 수 있어야 한다. 신뢰는 존재에 대한 신뢰와 능력에 대한 신뢰, 그리고 비전에 대한 신뢰가 있는데 여기서는 존재에 대한 것이다. 아무리 그 능력이 뛰어나고 비전이 크다고 해도 그것이 선을 행하는 데 사용되지 않으면 아무 소용이 없기 때문이다. 그것을 베이스 리더십이라고 부른다.

둘째, 경영 관리적 측면에서 리더는 문제해결능력이 뛰어난 자여야 한다. 문제해결에 대해 믿을 만하다는 점이다. 아무리 베이스 리더십이 있다고 해도 문제를 해결하지 못한다면 마음씨 좋은 사람에 불과하다. 좋은 마음씨를 가지고 남을 도울 수 있는 능력이 있을 때 그 마음씨는 더 가치가 있는 것이다. 이처럼 문제해결을 해낼 수 있는 리더십을 상황 리더십이라고 부른다.

셋째, 정치 사회적 측면에서 리더는 목표달성에 뛰어난 자여야 한다. 좋은 마음과 문제해결능력이라면 당연히 목표를 달성할 수 있다. 그러나 그 일을 이루어야 할 조직이 하나가 되지 못하고 갈등 속에서 지낸다면, 그리고 외부와의 관계가 불화상태라면, 아무리 업무상의 문제를 잘 해결해도 그 결과는 실패로 끝나게 된다. 그래서 목표달성을 이루는 리더십을 비전 리더십이라고 불러 보자.

이 3가지 리더십이 하나로 엮어졌을 때 무엇이 태어날까? 바로 하나님의 목표가 달성된다. 하나님은 사랑과 자비로 가득 찬 인류의 리더이시다. 베이스 리더십의 완성판을 지니고 계신다. 그분이 무엇을 하셔도 불안해하지 않는다. 왜냐하면 사랑에 근거한 최선을 이루고 계시기 때문이다.

또한 그분이 일하시는 어떤 방법도 우리는 최선이라고 믿는다. 왜냐하면 어떤 상황에서든지 가장 적합한 방법으로 대응하시기 때문이다. 눈에 실패로 보이는 문제는 무지와 불복종으로 그분의 질서에 순응하지 않았기 때문에 생기는 것일 뿐이다. 하나님이 하나님의 나라를 이루기 위해서 문제를 해결하고자 사용하시는 리더십은 철저하게 상황 리더십이다.

이런 결과로 얻어지는 것은 하나님이 세우신 목표, 즉 하나님의 비전이 성취되는 것이다. 하나님은 그 비전을 성취하시기 위해서 자신의 백성들을 모아 하나로 만드신 다음 그들로 하여금 인류를 섬기는 기회를 주신 것이다. 이를 통해서 하나님은 자신의 뜻을 하늘에서 이루시듯이 이 땅에서도 이루시는 것이다. 하나님이 하나님 나라를 이루기 위해서 사용하시는 하나님 리더십을 간단하게 살펴보자.

#. 베이스 리더십으로 신뢰를 형성한다.

디모데에게 쓴 글에 보면 감독(리더)이 되려는 사람은 선한 일을 추구해야 한다고 말한다(딤전 3:1). 베이스 리더십은 한 사람의 인격, 인간성, 인성, 마음씨를 말한다. 선한 사람은 선을 추구하게 된다. 악한 사람은 마음의 악에서 악을 행하는 것이고, 선한 사람은 마음의 선한 것에서 선을 쏟아내는 것뿐이다.

그래서 훌륭한 리더는 신뢰를 형성할 수 있는 베이스 리더십을 가져야 한다. 베이스 리더십은 선한 마음, 자비의 마음으로 하나님의 마음을 의미한다. 하나님이 자비롭다고 할 때 악한 자나 선한 자에게 똑같이 비와 햇빛을 주는 분이라고 한다. 원래 자비심은 악한 사람이나 나쁜 사람에게 선을 베푸는 사람의 마음을 지칭한다. 자비심이 있는 사람은 그의 모든 움직임, 행동이 비록 지금은 나빠 보일지라도 선을 지향하고 있다.

베이스 리더십은 자비 리더십이다. 자비 리더십은 예수가 당시 유대 기득권층을 향하여 하나님의 뜻이 제사를 드리는 데 있지 않고 긍휼을 베푸는 데 있다고 한 것과 같다. 자녀를 사랑하는 부모라면 그가 행한 모든 행동은 믿을 만하다. 물론 무지로 인해 그 결과가 좋지 않을 수는 있지만 옳은 것을 알면서도 나쁜 일을 행할 만한 일은 없다는 뜻이다.

베이스 리더십은 리더십의 실제 내용인 상황 리더십을 사용할 수 있는 능력이다. 양의 탈을 쓴 늑대가 양이 될 수 없듯이, 마음이 나쁜 사람이 선한 일을 할 수는 없다. 우리가 나쁜 사람이라고 하는 사람이 진심으로 선한 일을 했다면 우리가 바라본 시각이 틀린 것이다. 마음이 착한 사람은 그가 무엇을 해도 착한 일이다. 물론 지식이 없어서 그 결과가 다른 사람에게 손해를 끼칠 수는 있다. 그러나 나쁜 뜻으로 하지는 않는다.

#. 상황 리더십으로 문제를 해결한다.

로마서 11장에서 바울은 이렇게 말한다. 하나님이 이방인과 유대인을 진노 아래 두신 것은 그들에게 긍휼을 베풀기 위함이라고 한다. 그러면서 하나님의 깊고 오묘한 지혜를 누가 알 수 있겠는가라고 물으면서 하나님께 영광을 돌린다. 그리고 12장에서 다음과 같이 말한다.

"하나님의 자비가 이토록 크시니 나는 여러분에게 권고합니다. 여러분 자신을 하나님께서 기쁘게 받아 주실 거룩한 산 제물로 바치십시오. 그것이 여러분이 드릴 진정한 예배입니다"(롬 12:1, 공동번역).

제2장 다음 세대(Next Generation)

바울의 이 말을 듣고 있으면 마치 하나님이 우리에게 자비를 베풀기 위해서 우리를 불순종의 상태에 두시고, 유대인들을 교만하게 만드신 것처럼 보인다. 이런 표현에 대비해 바울은 또 토기장이가 그릇을 만들 때 자신이 원하는 대로 만들고 자신이 사용하는 대로 사용하는 것에 대해 무슨 할말이 있겠느냐고 하여 우리의 입을 막아버린다.

이것이 바로 상황 리더십이다. 진정한 예배를 받기 위해서, 즉 하나님 나라의 백성으로 만들어 하나님 나라를 이루기 위해서 우리가 이해할 수 없는 모습으로 일을 처리하신 것이다. 그것을 바울은 하나님의 심오한 계획이요 상상할 수 없는 지혜라고 하는 것을 보면 보지 못한 세계를 바울은 충분히 보았다고 할 수밖에 없다.

상황 리더십은 목표달성에 필요한 모든 수단과 방법을 포함한다. 만약 사람들이 그러한 방법을 사용했다면 틀림없이 여러 가지 비난이 쏟아질 수 있겠지만 하나님이 사용하셨다면 그것은 그럴 만한 이유가 있었다고 믿게 된다.

상황 리더십은 자신이 섬기고 있는 조직의 목표를 달성하고 문제를 해결하는 데 적합한 리더십이다. 상황 리더십은 상황적응이론에

바탕을 둔 리더십 이론으로, 1970년대 이후부터 각광을 받고 있는 이론이다. 이 시기는 체계이론의 퇴조와 함께 보편성보다 개별성의 문제, 특히 불확실한 상황 아래에서의 문제에 관심을 집중시키던 때였다.

이 시기에 나타난 상황이론은 환경적 상황 요소가 리더십의 효율성에 크게 작용한다고 보았다. 즉 리더십의 유효성은 그 행위 유형뿐만 아니라 리더십 환경을 이루는 상황에 의해서도 결정된다는 것이다.

환경적 상황 요소란 리더와 피 리더 간의 행동적 특성, 목표의 성격, 집단의 구조와 성격, 리더의 권위 기반과 지위 권한, 기술, 의사결정상의 시간적 압박, 리더와 피 리더의 관계 등이 있다. 상황 이론은 이러한 상황적 요인들이 리더의 행위와 그 성과 등에 영향을 준다고 생각한다.

상황 리더십에서 말하는 핵심은 모든 경우에 맞는 리더십 스타일은 없으며, 상황에 따라 적합한 리더십 스타일을 적용해야 한다는 것이다. 상황 리더십은 여러 가지 상황 요소를 고려하여 효율적이며 효과적으로 목표를 달성하고자 한다.

때때로 시대정신과 장소 정신이 위대한 리더를 낳는다고 한다. 리더는 상황의 산물이다. 역사적으로 보면 상황에 대한 인식이 점차 켜져 왔음을 알 수 있다. 훌륭한 리더란 피 리더의 동기부여 수준을 끌어올리고, 그들로 하여금 변화를 쉽게 받아들이도록 하며, 그들의 개인적 개발을 이끌어 주며, 분위기를 구성하는 사람이다.

블랜차드는 그의 책《1분 리더십》에서 4가지 유형의 리더십을 제시하면서 상황 리더십의 실제를 보여준다. 저자는 리더십의 4가지 스타일을 지시형, 지도형, 지원형, 위임형으로 구분하고 있다. 각 스타일별로 구성원의 상태에 따라서 각기 다르게 적용해야 한다.

첫째, 지시형 리더는 구성원들에게 구체적인 지시 명령을 내리고 과정을 면밀하게 감독한다. 이 스타일의 리더십은 구성원에게 높은 지시적 행동과 낮은 지원적 행동을 취한다.

둘째, 지도형 리더는 구성원들에게 계속 지시, 명령을 내리고 수행과정을 감독하지만 결정사항에 대해서는 설명하고 구성원들의 제안을 받아들여 진행하는 리더이다. 이 스타일은 높은 지시적 행동과 높은 지원적 행동을 보여준다.

셋째, 지원형 리더는 목표달성을 위해 구성원의 노력을 촉구하고 지원하며 의사결정에 대해 함께 나눈다. 이 스타일은 높은 지원적 행동과 낮은 지시적 행동을 취한다.

넷째, 위임형 리더는 의사결정과 문제해결의 책임을 구성원에게 맡긴다. 이 스타일은 낮은 지원적 행동과 낮은 지시적 행동을 보여준다.

종합해 보면 상황 리더십은 조직의 목표, 구성원, 시스템, 조직의 노하우, 재정, 경영, 홍보 등의 요소들을 활용하여 목표를 달성하도록 만들기 위해서 가능한 리더십을 모두 활용하는 것을 말한다. 전통적인 헤드리더십, 근대 이후의 민의리더십, 코비의 성품리더십, 섀클턴의 서바이벌리더십, 성자리더십, 목자리더십, 삼성 에버랜드의 서비스리더십, 킴벌 피셔의 팀리더십, 아타라시 마사미의 엑설런트 리더십, 맥스 드프리의 권력 없는 리더십, 잭 웰치의 리더십, 명성훈의 창조리더십, 멘토리더십, 군리더십, 각 개인별로 연구된 리더십을 포함한 모든 리더십을 목표달성을 위해 사용할 수 있는 능력이 바로 상황 리더십이다.

결국 상황 리더십의 최종목표는 다양한 리더십 스타일을 사용하여 피 리더들에게 가치와 비전과 동기를 부여하고, 그들을 개발하여 목표달성을 위해 필요한 문제들을 해결하도록 돕는 데 있다. 그러나 상황 리더십을 사용하는 사람에게 베이스 리더십이 없다고 가정한다면 상황 윤리의 부정적 측면으로 빠질 수밖에 없다.

조셉 플레처의 상황윤리도 상황 리더십과 같은 맥락에서 연구된 윤리학이다. 조셉 플레처의 《상황윤리》가 출간 당시에 많은 논란이 있었던 것은 상황윤리를 사용하려는 사람의 기초가 튼튼하지 못할 경우 자신의 유익을 따라 합리적으로 해석하여 자기만의 윤리를 만들어 내면서도 최선이라고 믿는 오류를 범하는 문제 때문이었다.

이처럼 상황 리더십의 장점은 위에서 본 것처럼 충분히 입증할 수 있지만 자칫 상황윤리와 같이 자기 합리화를 통해 자기만의 유익을 추구할 수 있다. 즉 보편적인 리더십을 무시하고 자기중심의 리더십을 선택하면서도 자신이 옳다고 말할 수 있는 가능성이 있다는 뜻이다. 이러한 점 때문에 철저하게 훈련된 베이스 리더십이 필요한 것이다.

비전 리더십으로 목표를 달성한다.

Vision 리더십이라는 명칭은 생소하기는 하지만 이만큼 그 의미를 드러내는 명칭은 드물 것이다. 한마디로 Vision 리더십은 목표달성과 동의어로 보면 된다. 하나님은 하나님의 나라를 이루시기 위해서 인류에게 비전을 선포하셨다. 하나님 나라와 그의 뜻을 이루는 것을 예수를 통해 이 땅에 전하신 것이다.

주기도문에서 가르치신 대로, 또한 요한계시록에서 보여주신 대로 하나님의 왕국을 만드는 일에 하나님은 최선을 다하신다. 그 방법에 있어서도 우리가 이해할 수는 없지만 지금까지 참고 기다리는 방법을 사용하시고 있다.

비전 리더십은 목표에 필요한 자원을 소중하게 여긴다. 하나님이 이 땅에 하나님의 나라를 이루실 때 그 일을 해야 할 대상은 그리스도인이다. 하나님은 자신이 선택하고 부르신 백성들을 길러서 흠 없는 하나님의 자녀가 되도록 최선을 다하신다.

그뿐 아니다. 하나님은 자신의 일을 대신할 그리스도인들이 하나 될 수 있도록 공동체를 만들어 주셨다. 이 공동체는 하나님의 뜻을 세상에 선포하고 진리를 실천하여 인류에 하나님의 평화를 구현한다. 하나님은 공동체 내부에서 발생하는 여러 가지 문제를 해결할 수 있도록 성령을 보내주어 성령으로 하나된 평화를 지키도록 도와주신다. 이것이 바로 비전 리더십이다.

제2장 다음 세대(Next Generation)

하나님의 리더십은 베이스 리더십으로 자비와 사랑을 베풀어 하나님 앞에 무릎을 꿇은 백성들에게 비전을 주고, 그 비전을 달성할 수 있는 은사와 성령의 능력을 주어 비전을 달성할 수 있게 한다. 우리의 역사를 이끌어 오신 분이 보여주신 역사적 사실에 근거해 볼 때 하나님의 리더십은 철저하게 하나님 나라를 지향하고 있다. 하나님은 자신의 왕국을 세우는 데 있어서 그 목표를 자신의 백성들이 평화를 누리고 살 수 있는 데 두셨다. 물론 그 결과로 자신이 영광을 받으시게 된다. 사실 인간이 하나님을 경외하고 섬기는 그것으로 인해 자신이 복을 받게 되므로 하나님의 왕국이 인간에게 얼마나 큰 복의 기원이 되는지 모른다.

우리가 앞에서 다루어 왔던 훌륭한 리더십의 형태를 살펴보면 결국 이 하나님 리더십에 기초하고 있음을 알 수 있다. 그러나 앞에서 말한 리더십의 모양들은 사실 위대한 인물들이 보여준 삶의 궤적일 뿐이다. 그들이 보여준 리더십이 하나님의 리더십에 근접한 것은 그들이 하나님을 닮았기 때문일 것이다.

역사 속에서 하나님을 닮기 위해서 노력했던 대부분의 사람들은 모두 사회와 국가와 인류의 리더가 되었음을 기억하라. 그들이 리더가 될 수밖에 없었던 것은 그들의 스승이었던 하나님이 이 온 우주의 리더이시기 때문이다.

지금도 하나님은 부르신다. "누가 나를 위해 갈꼬?"라고 말이다. 사실 이 세상에 관리되지 않고 있는 곳은 참으로 많다. 선진국으로 갈수록 부유함으로 인해 국민들이 개인적으로 돌보지 못하는 것들을 국가가 관리한다. 아동복지, 노인복지, 장애인복지, 국가유공자복지 등은 선진국에서나 가능한 일이다.

그런데 후진국에서는 정상적인 사람마저도 살길이 막막한 게 사실이다. 병원이 없어서 고통을 받는 사람들, 교육의 혜택을 받지 못해 계속된 우환의 그늘 아래서 살아야 하는 수많은 사람들, 문화는커녕 생존의 고비에 서서 부르짖는 사람들의 외침을 들어야 한다.

하나님의 부르심을 받은 우리가 가야 할 곳은 참으로 많다. 이런 문제를 일으키는 근본문제를 해결하러 갈 사람은 누구일까? 왜 우리가 사는 이 세상에서는 이런 문제가 끊임없이 일어나야 할까? 인간이 사는 곳은 원래 그런 것일까, 아니면 우리들의 잘못 때문에 그런 것일까? 생각이 있는 사람이라면 알 것이다. 인류에게 주어진 많은 자산들을 나누기만 한다면, 그리고 각국에서 가진 기술과 교육의 혜택을 모두에게 나누기만 한다면, 자신들의 기득권을 조금만 나누어 준다면 이 세계는 지금과 같지는 않을 것임을 말이다. 많은 사람들이 이 일을 위해 힘을 쏟고 있다. 곳곳에서 몸과 마음을 바쳐 헌신하고 있고, 자신의 작은 에너지를 모아 어려운 이웃을 돕고 있다. 그러나 중요한 것은 그런 문제를 만들고 있는 근본적인 원인을 찾아 해결해야 한다는 것이다.

훌륭한 리더는 하나님의 마음을 담고, 하나님의 능력을 가지고, 하나님의 비전을 이루기 위해 세상에서 가장 해결하기 어려운 문제를 찾아 여행을 떠나야 한다. 사람들이 보지 못하는 곳에서, 사람들이 느끼지 못하는 문제를 보아야 한다. 누군가가 발견한 문제는 해결될 수 있다. 그 문제를 모두에게 알리고 그것이 우리 자신들의 일임을 알게 될 때 말이다. 하나님은 오늘도 그 일을 해낼 사람들을 찾고 계신다. 그리고 자신의 모든 것을 다 주어서라도 그 일을 처리하게 하실 것이다.

하나님의 마음을 읽으라.
하나님의 마음을 닮으라.

하나님의 왕국을 방해하는 인류의 문제를 찾으라.

그 문제를 해결할 수 있는 길을 찾으라.

사람을 모으고 그들로 하여금 세상을 깨우라.

바로 그곳에 하나님이 함께 걸어가실 것이다.

제2장 다음 세대(Next Generation)

■ 훌륭한 리더가 가져야 할 하나님 나라의 리더십

내용 구분	베이스 리더십	상황 리더십	비전 리더십
의미	성품-내적 온전성 (통전성) 성품에 의한 선행	문제해결력 상황대응 리더십	목표달성력
구성 요소	자비심, 인격, 덕, 사랑, 자기 절제 희생, 헌신 책임	비전 설정과 문제파악 우선순위 실행(계획) 시스템의 설계 및 관리 (조직) 지시, 지도, 지원, 위임의 선택 평가 피드백	공동의 사명 인식 일체성(하나됨) 피 리더의 양육 결단력, 추진력 내부갈등해결, 외부와의 협력
결과	신뢰 존경 피 리더의 참여 피 리더의 헌신	문제해결 희망 가능성	공동의 행복 인류평화
훈련 내용	온전성 추구 리더 의식 자각, 리더십 벤치마킹	인류의 공통문제파악 경영력과 리더십 겸비 문제해결능력 개발 자기 변화 능력 개발	하나님의 뜻 추구 시대 변화 추진력 외부자원활용능력
훈련 방법	사랑의 실천 명상 및 묵상 수행 감정인식 및 조절훈련 사실인식훈련 신념조절훈련 정직성훈련 영성개발과 독서멘토 리더의 감독 리더십에 관한 연구, 리더그룹과의 교제 리더십 개발 소그룹 운영	비전과 가치 동기부여훈련 조직관리훈련 효과적인 문제해결훈련 무의식행동 개선훈련 학습능력향상훈련 의사소통훈련 창의적 사고훈련 잠재력개발훈련 시스템 구성훈련 표현력 개발훈련	인생설계훈련 인간관계훈련 경전분석훈련 학습기획훈련 피 리더 양육훈련 팀워크 구성훈련

제3장

효과(Synergy)

"너희를 위하여 보물을 땅에 쌓아 두지 말라"(마 6:19).
선교사들이여! 하늘의 부자가 되라

I.
선교지 재산권 문제와
선교사 책무: 인테그리티
- Mission Field Property Issues and Missionary Accountability: Integrity

한국 선교사의 책무와 재산권 문제는 어제오늘의 문제가 아니다. 이는 130년 전, 한국 선교 초기 미국 선교사들에게도 동일한 문제였다. 한국교회는 1980년대부터 타 문화권 선교 원년으로 본다. 타 문화권 선교 원년부터 선교 현장의 필요에 의해 교회 건축, 선교센터, 학교, 고아원, 병원 건립 등으로 가시적인 성과를 보였다. 문제는 가시적인 선교사역 이면에 한국 선교사 책무 문제가 대두되었다. 최근 한국 선교사들의 선교 현장에서의 선교사 책무와 재산권 문제가 화두다. 아직도 현지 교회나 후원자들로부터 칭송을 받는 선교사도 많지만 일부의 선교 현장에선 선교 현지 재산권 문제로 수년간 후원

교회와 선교사 간 가슴앓이를 하고 있다.

한국 교회 선교는 성숙한 세계 선교를 위해 로드맵이 요구된다. 세계 선교를 '열정만'으로 일관할 순 없다. 선교사 책무와 재산관리를 위한 해법이 나와야 한다. 문제는 교단 선교부나 선교단체의 〈선교 규정집〉을 보면 선교사 책무와 재산관리 규정이 명문화되어 있다는 것이다. 해답은 간단하다. 법을 지키지 않기 때문이다. 규정을 지키지 않고 재산 투명성이 확보되지 못함에 원인이 있다. 여기에 오해와 불신이 일어나 선교사 책무와 현지 재산권 문제가 수면 위로 떠오르게 된 것이다. 이런 맥락에서 '기독교 성결교 선교 포럼'은 시의적절(時宜適切)한 모임으로 격려하고 싶다.

A. 선교 현지 재산권 문제
(Mission Field Property Issues)

1. 선교지 재산 구입 과정

선교 현장마다 재산권 구입하는 정책이 다양하다. 대략 5가지로 구별된다.

첫째, 현지인 이름으로 구입하고 이면계약서를 작성하여 선교사가 관리하는 경우이다.

둘째, 현지법인을 설립하여 공동 법인화하는 경우이다.

셋째, 현지법인을 구성하되 현지인과 선교사와 후원자가 일정부분 참여하는 경우이다.

넷째, 외국인 이름이나 외국법인체로 관리하는 경우이다.

다섯째, 선교사가 국적을 취득한 후 선교사 명의로 취득하는 경우이다.

한국 선교의 재산권은 국제선교단체가 실시하는 방식과는 다르게 위 과정으로 구입하는 경우가 대부분이다. 그 후 본부가 관리하는 방식이 되면서 관리의 어려움과 문제점으로 대두되었다. 여기 재산권 문제에 대한 대책 방안을 다루고자 한다.

2. 재산권 문제 대책 방안[3]

선교 현장에서 재산권 문제가 발생할 경우 아래 사항들을 염두에 두고 해결방안을 모색해야 한다.

---

3) 본 내용은 제11회 한선지포 핸드북(KWMA), 2011년 11월 10일, 예장 통합(MPCK) 신방현 선교총무 발제안을 참조했음을 밝힌다.

1) 재산권 문제는 선교사의 노후복지 준비 미비와 밀접한 관계가 있다.

선교사가 초기 정착부터 선교지 재산권에 손대는 경우는 없다. 열심히 사역을 하였는데 노후가 보장이 안 된다면 다른 생각을 갖게 된다. 결국 선교사 재산권 관리 문제와 함께 선교사의 노후 문제를 같이 다루어야 한다.

2) 선교사들이 최소 재산권은 가질 수 있도록 길을 열어 주어야 한다.

필자 교단은 선교사가 소유한 모든 재산은 선교지 재산으로 규정하되, 선교사 또는 가족의 지원에 의한 주택에 한해선 재산권을 인정해 주고 있다. 단, 재정의 출처가 분명해야 하고, 향후 모든 관리는 총회 본부의 통제를 받아야만 한다.

3) 선교사들의 현지 주택임대료가 상승해 생활비의 부족으로 심각한 어려움이 예상된다.

장기적으로 소모되는 주택 임대료를 이용해 주택을 구입하고 매월 지불하는 방식도 연구해 볼 필요가 있다. 생활비를 줄여서 지불하는 방식이 아니고 주택구입에 제도권 마련을 고민해야 한다.

4) 선교사들이 선교지 재산은 자신을 위해 사용하는 것이 아니고 하나님 나라 재산임을 인정하고 공동으로 활용하는 방안을 유도해야 한다.

결국 해법은 개인 선교방식에서 팀 선교방식으로의 방향전환이 요구된다.

5) 선교지 재산의 투명성과 미래 선교전략을 위해 현지 교단이나 교단 선교부와 연계하여 재산 구입시 부터 공동 관리 시스템을 개발해야 한다.

B. 한국 선교사 책무: 인테그리티(Missionary Accountability: Integrity)

한국 선교사들이 선교 현장에서 훌륭한 사역을 감당하고 있는 것은 주지의 사실이다. 이것은 현지인들은 물론 서양 선교사들도 말한다. 위험을 무릅쓰는 자세, 현지인들의 삶에 가까이 접근하는 모습, 교회 개척에 대한 경험과 열정과 투지, 서양인들이 들어가지 못하는 열악한 환경에서의 강한 생존력, 헌신적인 삶은 일반적으로 한국 선교사에게 쏟아지는 찬사들이다. 동시에 한국 선교사로서의 연약한 점으로 지적되는 것은 바로 책무과 인테그리티 영역이다. 이

분야는 오랫동안 한국 선교사들의 문제로 예민한 분야가 많아서 잘 다루어지지 않았다.

1. 선교사 책무와 인테그리티의 중요성[4]

선교사의 책무와 인테그리티가 방치될 때 예상되는 문제들은 다음과 같다.

1) 선교사에 대한 한국 교회의 신뢰 추락

한국 교회가 초기 선교에 눈뜨기 시작했던 80년대에 비해 지금은 지역 교회들의 선교 인식이 많이 달라지고 있다. 초기에는 선교사들이 말하는 것을 거의 액면 그대로 받아들이는 경향이 있었다. 선교지 방문이 빈번해지고 선교지에 대한 이해가 많아진 지금은 다르다.

2) 초심의 이탈

처음 파송 받던 선교사들은 굳은 각오와 희생의 정신으로 선교 현장에 갔다. 시간이 지나며 자신도 모르게 선교사의 책무에 대해서 등한히 했다. 선교사의 생활과 사역에 있어서 초기에는 약간의

---
4) http://kcm.kr/dic_view.php?nid=38097, "한국 선교사의 책무(Accountability)", 손창남 (한국 OMF 대표) 글을 발췌 요약했음을 밝힌다.

타협을 한다고 생각되지만 결국 그런 것에 익숙해져서 자신도 모르게 초심에서 이탈되는 경우가 많다.

3) 선교 현장에서 한국 선교사들의 신뢰 추락

선교사들이 자신이 해야 할 책무를 등한히 할 때 생기는 문제는 개인에 국한해서 영향을 받는 것이 아니라 선교 현장에서 성실하게 사역하는 다른 한국 선교사 모두에게 부정적인 영향을 준다. 특히 선교지 현지인들과 더불어 주위에서 지켜보는 다른 나라 출신의 선교사들이 한국 선교사 혹은 한국 교회에 대해서 일반적으로 부정적인 결론을 내리기가 쉽다.

2. 책무의 영역

선교사의 책무를 논하려면 누구에 대한 책무인가를 분명히 해야 한다. 다음의 4가지 영역에서 선교사의 책무를 생각한다. 선교사로서 하나님께서 자기를 부르신 부름에 합당하게 사는가가 중요하다. 선교사라면 누구나 그분이 부르신 소명 때문에 선교지에 왔다. 이 소명이 주관적이기 때문에 제3자는 이 문제에 대해서 쉽게 이야기할 수 없다.

3. 파송교회와 후원자들에 대한 책무

파송교회와 후원자들에 대한 선교사의 책무 중 중요한 것은 재정적 투명성과 사역보고이다. 선교사가 재정내역을 파송교회와 후원자들에게 일일이 보고할 필요는 없다. 다만 후원교회들이 선교사의 재정 사용에 대한 의구심을 없애도록 노력하는 것은 책무와 인테그리티 문제이다.

사역의 투명성에 대한 책무도 문제가 된다. 사역보고의 의도적 굴절도 있고 의도적이지는 않지만 현지 사역이 후원교회에게 제대로 의사소통이 되지 않고 적절히 전달되지 않는 경우가 있다. 이런 경우에 개인 선교사에 대한 신뢰가 떨어질 뿐 아니라 선교부와 선교 전반에 대한 후원자들과 후원교회의 실망과 더불어 신뢰의 추락으로 이어질 수 있다. 선교사역보고의 의도적인 굴절에 관해서는 선교사 개인의 인격과 양심을 따라 회개하고, 하나님 앞에서 책무를 다하고 삼가야 한다. 그러나 의도적인 굴절이 아닌 경우라도 이런 오해를 가져올 수 있다. 문제는 명확한 커뮤니케이션을 위한 개선이 필요하다.

4. 파송기관에 대한 책무

선교사들이 선교부가 가지고 있는 원칙에 허입될 때 오리엔테이션 받았던 규약과 원리들에 대해 존중하는 마음과 그것들을 지키기 위한 선교사의 충실함과 성실함(integrity)의 책무이다.

1) 임기

선교사의 한 텀(term)을 얼마로 할 것인가는 선교부와 선교지의 상황에 따라 다르다. 일반적으로 선교단체들이 4년의 선교지 사역 후 1년 정도의 본국 사역을 원칙으로 한다. 최근에 상당한 융통성과 신축성으로 운영되고 있다. 그 이유로 교통 통신의 발달을 들 수 있다. 교통 통신 발달로 선교지와 본국 사이의 지리상의 거리가 좁혀졌다. 글로벌화로 안식년 동안 본국에서 오래 체류해야 한다는 전제가 더 이상 의미가 없어졌다. 사역의 연속성, 자녀교육의 계속성, 비자 문제의 어려움 등을 감안하면 전통적인 임기를 고집할 이유가 점점 감소하고 있다.

임기 없는 선교사역은 지나치게 자의적일 수 있다. 임기의 중요성은 먼저 선교사 자신에게 중요한 의미가 있다. 이것은 자신이 한 임기 동안에 목표를 세우기도 하고 전략을 개발하기 때문이다. 또 임기를 마치면서 자신이 세운 목표를 어느 정도 달성했는지, 부족한 점은 무엇인지 평가하고 돌아보게 된다. 임기의 중요성은 단순히 선교사에게만 중요한 것이 아니다. 교단 선교부와 파송교회, 후원자들에게 선교사가 임기를 마치면서 그간 사역을 평가할 수 있는 기회를 갖게 된다. 그런 의미에서 선교사의 사역에 대한 평가 시스템과 임기의 연한은 중요한 연관성이 있다.

2) 사역지 체류

최근 비거주선교사라는 개념이 등장할 만큼 선교에 있어서 현지 체류를 전제로 하지 않는 선교가 다양하게 전개되고 있다. 하지만 사역지의 체류에 대해서도 일정한 원칙이 있어야 한다. 원칙적으로 선교사의 사역은 선교 현지에서 이루어져야 한다. 그렇지 않은 경우는 그에 상응하는 이름을 쓰지 않아야 한다. 국제무역에서도 원산지 표시가 얼마나 중요한가? 만약 선교지를 이탈해서 사역을 하는 경우는 선교부의 허락과 더불어 후원자들에게 반드시 통보해야 한다. 심지어 같은 선교지에서도 자신이 하는 사역의 방향전환이 있다면 이러한 사실에 대한 충분한 설명을 후원교회에 해야 한다.

임기를 결정하고 선교지의 체류 등과 관련해서 중요하게 다루어져야 할 문제는 선교부 회원으로서의 책임과 개인적 사안 간의 엄격한 구분이다. 이것이 분명하지 않아서 선교사들이 자신들의 책무와 관련하여 많은 후원자들로부터 빈축을 사게 된다. 많은 선교사들이 현지에서 사역하면서 동시에 개인의 발전을 위한 학위과정에 뛰어들고 있다. 선교사 자신의 개발을 위한 공부를 하는 것에 반대할 필요는 없지만, 공부가 사역을 위한 것인지 개인적인 발전을 위한 것인지 구분해야 한다. 선교사의 학업을 후원교회에게 알려 허락을 받는 것과 그러지 않는 것은 선교사의 책무상 차이가 있다.

3) 회원선교사의 지위(Status)

＊휴직(Administrative Leave of Absence)

선교사역을 잠시 중단하는 상태를 말한다. 휴직은 아무 때나 이루어져선 곤란하다. 안식년을 마친 선교사가 부득이한 일로 당장 선교지로 다시 나갈 수 없는 경우에 한해서 휴직이 허락되어야 한다. 예를 들어 부모의 병간호를 할 사람이 없다든지, 자녀의 심각한 부적응이 발견되었다든지, 재정 후원이 현저히 낮아져서 본국에서 후원자 발굴을 더해야 할 경우가 여기 해당된다. 이 경우에도 반드시 선교지로 돌아가는 것을 전제한다. 만약 선교지 귀환의 불확실성이 높을 경우에는 사직하는 것이 윤리적이다.

* 사직(Resignation)

바람직한 일은 아니지만, 선교사역을 중단할 수밖에 없는 경우에 사직을 해야 한다. 이것이 후원자들에 대한 선교사의 책무이다. 독신 선교사가 결혼을 생각하는 경우, 배우자가 될 사람의 선교에 대한 비전, 훈련의 정도, 사역의 가능성이 불확실하다면 일단 사직하고 배우자와 함께 필요한 훈련을 받는 것이 당연하다. 관계중심적인 한국문화에서는 잘 시행되지 않는 경향이 있다.

* 병가(Compassionate Leave of Absence)

선교사가 질병으로 인해 귀국하여 장기적인 치료를 요하는 경우 병가를 내야 한다. 병가는 후원을 전제로 하는 기간이다. 그래서 일정한 원칙 안에서 제한을 두는 것이 선교단체나 후원하는 분들에게 부담을 주지 않는 방법이다. 장기적으로 투병하는 것도 어려운데 병가 혹은 사직을 요구하는 상황은 못할 짓이지만, 후원자들에게 선교사의 책무를 다한다는 면에서 반드시 원칙과 규정이 필요한 것이다. 우리는 주님의 공급하심을 바라는 믿음으로 이런 일을 의연히 감당해야 할 것이다.

* 휴가(Holiday)

휴가는 한국 선교사들에게 부족한 부분이라고 생각한다. 필자가 국제CCC 회원선교사가 돼서 감사하게 생각하는 것은 바로 휴가제도 이다.

＊학업 휴직(Study Leave)

많은 한국 선교사들이 공부에 대한 열정이 있다. 통계적으로 보면 한국 선교사의 학력은 가히 세계적이다. 공부에 대한 열의가 높은 것이 나쁘지만은 않다. 중요한 것은 무엇을 위해서 어떻게 공부하는가 하는 문제이다. 많은 선교사가 안식년을 학문적 업그레이드 기간으로 생각하고 있다. 공부는 반드시 선교지의 사역과 관련하여 결정되어야 한다. 그렇지 않다면 선교사가 되려는 동기에 상당한 의문을 제기하게 된다. 현재 한국의 상황으로 볼 때 선교사가 누리는 이러한 특권은 일반인들에 비해서 대단한 것이다.

＊본국 사역(Home Assignment)

안식년이라는 어휘 자체에 대해서 최근 많은 사람들이 의문을 제기하고 있다. 19세기 선교에서 안식년은 군대식으로 말하면 주둔군을 본국으로 불러들이는 것 같은 의미가 있었다. 교통이 발달되지 않아서 본국과 선교지를 여행하는 데 장기간을 요하는 상황에서는 본국에서 1년 이상을 머물러야 의미가 있었다. 그러나 오늘날은 그렇지 않다. 선교지의 경험과 안목으로 본국의 선교 동원에 동참한다는 점에서 본국 사역이라고 부르는 것이 더 정확하다.

한국에서 파송 받은 2만 8천여 명의 선교사들 가운데 매년 1/5이 한국에 들어와 선교 동원에 참여한다면 대단한 동원 효과를 기대할 수 있을 것이다. 또한 안식년 선교사들이 포럼이나 세미나를 통해 기여한다면 한국 선교가 세계 선교에 공헌하는 결과가 될 것이다. 이런 측면에서 외국에서 안식년을 보내는 것에 대해서 다시 한 번 심각히 재고해야 한다. 외국에 가서 안식년을 보낼 필요가 있는 경우를 부인하는 것은 아니나, 무분별한 해외 안식년은 낭비적인 요소가 많다.

4) 리더십의 인정

선교단체에서 리더십을 인정하는 것이 문제가 되는 경우를 종종 보았다. 선교지에서의 리더는 특히 사역의 관리감독이라는 측면에서 중요하다. 선교사들이 개인의 사역이라고 생각하기 때문에 리더십을 인정하지 못하는 경우가 많다. 리더십의 인정은 자신을 보호한다는 면에서도 중요하다. 결정을 혼자 내렸다면 책임도 혼자 져야 한다. 그러나 선교단체 내에서 리더와 의논하여 내리는 결정에는 리더의 책임이 수반되는 것이다.

5) 언어 공부

선교지의 사역에 가장 큰 영향을 미치는 것은 선교사의 현지어 구사 능력이라고 해도 지나친 말이 아니다. 언어를 어떤 수준에서 구사하는지가 선교사의 사역의 수준을 결정하는 것이라면, 선교사의 현지어 공부에 대해 보다 효과적인 감독이 이루어져야 한다.

6) 재정 사용

재정 사용에 대한 정확한 보고가 필요하다. 요즘 정치자금에 대한 항간의 문제들을 보면서 그 정도는 아니지만 선교사들의 재정 사용에 대한 투명성도 높아져야 한다. 재정 수입은 공식적으로 집계되어야 한다. 지출 또한 상용의 지출이 아니라면 수입 내역과 지출 내역에 대한 보고가 반드시 있어야 한다. 특히 프로젝트를 많이 하는 한국 선교의 경우 재정 사용의 불투명성이 문제가 된다. 재정의 사용에 있어서 한국 선교사들은 매우 융통성이 있다. 그러나 지나친 융통성은 문제가 된다. 목적 이외의 지출에 대해서는 반드시 재정책임자와 사전에 의논하여 허락을 받아야 한다.

7) 커뮤니케이션

사역 및 의료적 상황에 대한 보고가 아주 중요하다. 많은 한국 선교사들이 개별적으로 사역을 잘하지만 자신이 하는 사역을 감독 받는 일에는 익숙하지 않다. 한국에 자신의 의료적 상황을 정기적으로 보고하고 조언을 받을 수 있는 의료 자문(medical advisor)이 있어야 한다. 이렇게 함으로써 조기치료가 가능하고, 건강이 악화되어 선교지를 떠나야 하는 상황을 상당부분 방지할 수 있다.

8) 자녀교육

현지에서 자녀교육과 관련한 여러 가지 선택이 잘 이루어져야 한다. 이것은 자녀의 적응력, 자녀의 향후 진로, 그리고 선교사의 재정적 여력이 함께 고려되어야 한다. 일반적으로 한국 선교사의 자녀에 대한 높은 교육열은 무분별하게 좋은 학교를 선호하는 경향이 있어서 자녀의 능력, 선교단체의 원칙, 재정능력 등이 무시됨으로 인해 어려움을 자초하는 경우가 많다. 안식년으로 귀국하는 경우 자녀들을 어떻게 공부시킬 것인가에 대한 계획도 미리부터 이루어져야 한다. 한국 내에서도 몇 가지 선택이 가능하다. 대학진학을 위해서는 선교사 자녀교육을 담당하는 기관이나 전문가에게 정기적인 자문을 구하는 것이 중요하다. 한국에서의 대학교육은 선교사 자녀들에게 유리한 쪽으로 진행되고 있다.

9) 건강관리

정기적인 의료 검진이 필요하다. 건강한 선교사도 2년마다 의료

검진을 해야 한다. 정기적인 운동도 필수적이다. 정기적인 휴가의 중요성은 앞에서도 언급한 바 있다. 영적인 사역을 하지만 우리의 육체가 유한한 것을 인정하는 겸손이 필요하다. 일반적으로 1년 사역 후에 2주 혹은 3주의 휴식이 적절하다고 생각한다. 특히 자녀들과 시간을 함께 보내는 것은 선교지에서 자라고 있는 자녀들과의 깊은 유대감을 가질 수 있는 좋은 기회라고 생각한다.

안식년을 공부나 지나친 본국 사역으로 소진하지 말아야 한다. 귀국해서 첫 한 달과 출국 전 한 달은 다른 사역을 하지 말고 전적인 휴식에 사용하는 것이 바람직하다. 이런 관점에서 이중 회원제(dual membership)에 대해서도 많은 고려가 필요하다고 생각한다. 이 제도는 소속선교사들에게 이중의 부담을 줄 수 있으므로 해당 기관들이 계약을 체결할 때 과중한 부담을 줄여 주는 쪽으로 고려해 주는 것이 필요하다.

5. 근본적인 문제들: 한국 선교사

1) 의사소통이 약하다.

한국 선교사들은 서양 선교사들에 비해서 의사소통 과정에서 미리 전제하는 것이 많은 것 같다. 예를 들어, 선교사가 공부하는 것을 허락하면 공부에 필요한 장학금을 줄 것이라고 생각한다든지, 자녀를 국제학교에 보내라고 하면 이에 대한 재정적 지원이 있을 것이라고 생각하는 경향이 있다. 서양 선교사가 공부하라고 권할 때 비용을 대주는 것을 전제하지는 않는다.

2) 국제단체와 일할 때 언어와 문화적 이해의 부족으로 불필요한 갈등이 생긴다.

현지어는 잘 구사하지만 영어의 구사가 부족해서 생기는 어려움도 많이 있다.

3) 규정에 대해서 신경 쓰지 않는다.

한국 선교사들이 국제단체에서 보이는 큰 약점은 규정에 신경 쓰지 않거나 무시하는 것이다.

4) 성공지향적인 자세

동료 선교사나 본국에서 성공적인 목회를 하고 있는 목회자와 비교하는 것은 옳은 일이 아니다. 선교사 스스로가 이런 비교에 휘말리지 말아야 한다.

5) 선교 후보자 선발과정 부재

선교사의 선발 과정은 매우 중요하다. 인격적으로 문제가 있는지, 사역 경험이 어떠한지에 대한 검증이 필요하다. 선교지에 나가기 전에 육체적, 정신적 건강과 자녀들의 문제를 점검해야 한다.

6) 선교사 오리엔테이션 부재

선교사로 선발된 후에는 단체가 지향하는 것, 선교사의 자세, 재정 원칙 및 규정, 자녀교육 등에 대한 본국과 선교지의 필요에 대해서 오리엔테이션을 받아야 한다.

7) 안식년 재교육 부재

사역을 마치고 귀국한 선교사들이 한국에 다시 적응하는 것을 포함한 재교육이 필요하다. 재교육에는 최근의 한국과 문화에 대한 오리엔테이션, 한국 교회의 변화, 교통 시스템, 공공요금 지불 등 구체적인 내용이 포함되어야 한다.

8) 사역을 개인 것으로 생각하는 자세

한국 선교사들에게 사역은 하나님 앞에서 개인적 소명을 따라 하는 것이라는 생각이 강하다. 따라서 지도자와의 마찰, 불필요한 오해, 동료들과의 부조화, 현지인에 대한 무시 등으로 나타날 소지가 있다.

6. 실제적인 제안/ 기독교성결교단 선교부

1) 선교지 시스템의 구축
책무에 관한 문제해결을 선교사 개인의 인격적 성숙에만 맡겨선 어렵다. 책무 시스템의 구축이 무엇보다 필요하다. 시스템 구축이 독자적으로 어려운 경우 여러 단체나 교단 선교부가 연합해서 할 수 있다.

2) 규정집 마련: 선교 현지 매뉴얼 작업
기본적으로 선교사의 믿음과 양심을 믿지만, 동시에 불필요한 오해의 소지를 없애기 위해서 문서로 만들어진 규정집이 필요하다. 초기 정착부터 은퇴까지 현장 매뉴얼이 나와야 한다.

3) 개념의 정립과 교육
한국 선교계가 함께 안식년이나 자녀교육 등에 대한 주요 개념들을 정리하여 선교사들을 재교육할 필요가 있다.
예) 선교사 재교육(GMS)

4) 선배들이 본을 보여야 한다.
이상의 문제들을 방지하기 위한 획일적인 행정조치는 조심해야 한다. 반드시 규정을 많이 만드는 것이 좋은 방법은 아니다. 잘못하면 지도자의 무기가 된다. 규정의 제정이 리더의 칼이 되는 것을 막으려면 최소한의 규정을 정하되, 그 정신을 따라 살도록 회원들을 교육해야 한다.

5) 선교사 계속되는 교육

이러한 정신에 대한 교육이 계속되어야 하고, 무엇보다 이렇게 사는 사람이 많아져야 한다. 특히 선배가 본을 보여야 한다. 많은 젊은 이들이 선교사가 되려고 할 때 허드슨 테일러처럼 과거에 희생적인 선교사의 삶을 살았던 위인들의 삶을 보고 헌신했다. 그리고 가까운 선배들이 빗나가는 것을 보면서 자신은 그렇게 살지 않겠다고 하다가 결국 자신도 그런 삶을 사는 것을 본다. 자기 스스로를 지키는 것이다.

* *

한국 교회는 선교지 재산권 문제의 시급한 과제를 합리적이고 효율적으로 선교사들의 입장에서 접근해 선교사가 은퇴 후에도 안심하고 사역할 수 있는 거처를 마련해 주는 분위기를 조성해야 한다. 아울러 선교사의 책무와 인테그리티를 점검해 건강한 선교사를 훈련하고 선발해 보내야 한다.

"여호와께서 내게 주신 모든 은혜를 무엇으로 보답할꼬?"(시 116:12, 개역한글)

'하나님을 기쁘시게 하며 사람에게 칭찬 듣는 선교'(롬 14:18).
한국 교회의 선교적 과제는 선교사의 목회적 돌봄과 선교지의 재산권 관리에 최선을 다하는 데 있다.

■ 부록: 국제단체/ 교단 선교부 규정집: 선교지 재산관리

☆ 미국 PCA(Presbyterian Church of America) 선교지 재산관리에 관한 내규(요약)

1. 선교사가 현지에서 사역의 목적으로 부동산(대지, 건물)을 매입하는 경우 현지 선교부장과 지역장(Regional Director)의 동의서를 첨부하여 매입 청원서를 본부로 제출할 것.

2. 부동산 구입 대금의 출처를 명시하여 대금을 선교본부로 보내고, 본부에서 발행하는 수표나 은행지불 보증수표로 대금을 지불한다.

3. 개인 선교사가 부동산 소유주에게 직접 대금을 지불하는 것을 금한다.

4. 현지에서 발생되는 세금환불과 구입한 비품(자동차까지 포함)은 선교본부 재산으로 간주한다.

5. 선교본부는 개인 선교사가 본부지정 은행으로부터 대출을 신청하는 경우 적극적으로 지원한다(은행이 해당 선교사의 개인 신용 한도액을 결정함에 있어서 본부가 자료 및 행정지원을 아끼지 않는다).

☆ 국제 WEC(Worldwide Evangelization for Christ)

1. 법에 의해 요구되거나 권유될 경우에 WEC의 부동산은 이사회나 법인 등의 명의로 해야 한다. 이것이 불가능할 경우에는 해당 파송본부와의 문서화된 계약 아래 WEC 선교사 한 사람의 명의로 할 수 있다.

2. 개인 자금이나 선교자금을 합하여 구입한 재산도 선교지 WEC 재산이다.

3. 선교회의 재산 위에 건축된 빌딩이나 건축물은 개인의 돈으로 지어졌다 해도 선교회의 재산이다.

4. 개인 자금으로 구입된 토지나 빌딩은 아래의 조건 안에서만 개인 재산으로 인정이 된다.

1) 개인 재산이라는 사전 승인이 선교지 선교사 총회(Field Conference)에서 주어졌을 때

2) 자세한 구입·사용·처리 내용을 포함한 계약서가 선교지와 회원들에 의해 작성이 되었을 때

3) 이 재산을 두고 개인적으로 지명된 헌금이 받아들여진 후 이 계약서의 복사본이 파송본부로 보내질 때

5. 현지 교회와의 합의하에 현지 교회 명의로 구입한 재산은 그 현지 교회의 재산이 된다.

☆ GMS(장로교 합동: Global Mission Society) 선교지 재산관리

7-1. 현지법인이나 비정부공인기구(NGO)에 등록한 지역 선교부나 현지 선교부는 현지 사역에 필요한 합법적 기관으로 총회세계선교회를 현지법인으로 등록하는 것을 원칙으로 한다.

제한접근지역에서는 본부의 지도를 따라 다른 이름으로 등록할 수 있다. 선교지에서 구입하는 건물(교회, 사택, 선교센터, 신학교, 기숙사, 교육관, 훈련원) 및 건물대지와 이에 관련되어 매입된 땅과 기타 건물은 지역선교부나 현지 선교부, 총회세계선교회가 인정하는 법인명으로 등록해야 하며 개인명으로 등록할 수 없다. 단, 사정상 개인 명의가 불가피할 경우에는 각서를 써서 본부와 현지 선교부에 제출해야 한다.

7-2. 비품관리

선교사역 관련 비품 등 선교기자재는 비품대장에 기록하여 보존하며 선교본부에 정기적으로 보고하고 현지 선교부와 선교본부의 지도를 받는다.

7-3. 현지재산관리

7-1, 7-2의 권한은 현지 선교부에 있으나 그의 변경이나 변동 및

후임자 결정사유 발생 시는 현지 선교부를 거쳐 선교본부의 승인을 받아야 하며 재산의 관리는 현지 선교부가 한다. 단, 현지 선교부가 없는 나라의 선교사는 현지 선교부 조직 시까지 법인등록을 본부와 협의하여 그 법인명으로 등록하고 현지 선교부가 조직되면 현지 선교부와 본부의 관할을 받아야 한다.

7-4. 선교 현지의 재산권 이양

선교 현지의 부동산은 선교 현지 선교부에서 설립했거나 협정한 교단(교회)으로 이양하는 것을 원칙으로 하며, 이양하는 시기와 절차와 방법 등 자세한 것은 현지 선교부의 요청으로 지역위원회에서 검토하여 임원회에서 결정한다.

☆ PCK(예장 통합) 선교지 재산관리 지침

1. 선교지의 재산의 정의
1) 선교지의 재산이라 함은 선교사가 재임 중에 취득한 유, 무형의 모든 권리와 재산을 말한다.
유형의 재산이라 함은 선교지에서 발생한 모든 동산과 부동산을 말한다.
무형의 재산이라 함은 지적 재산권과 같은 선교지에서 발생한 모든 권리와 소유권과 이에 따른 이권들을 말한다.

2) 동산이라 함은 부동산을 제외한 모든 비품 및 유형의 재산을 말하며 현금화할 수 있는 모든 재산을 말한다.

3) 부동산이라 함은 토지, 건물 등 고정된 자산을 말한다.

2. 선교지의 재산 취득

1) 선교지에서 선교사가 선교활동으로 취득한 모든 재산은 총회에 속한다.

2) 선교사는 재임 중 개인적인 이권 사업을 할 수 없다.

3) 선교사가 재임 중에 후원 받거나 선교 목적으로 사용된 모든 현금 및 동산 부동산은 헌금으로 간주하며 이로 인해 취득한 재산은 총회에 속한다.

3. 재산의 등록

1) 선교지에서 발생한 모든 재산은 개인의 이름으로 등록할 수 없다.

2) 선교지의 모든 재산은 반드시 현지 선교회의 이름으로 등록하여야 한다.

3) 현지 선교회가 없을 경우 부동산의 재산 취득은 할 수 없다.

4) 현지 선교회 재산 등록의 범위는 모든 부동산과 미화 20,000불 이상의 동산과 무형 재산의 권리와 소유권 등이다.

5) 이외의 재산등록에 관하여서는 현지 선교회에서 정하며 총회의 심의를 받는다.

4. 재산의 운영

1) 재산의 운영의 책임은 현지 선교부에 있으며 1년에 1회 재산 변동에 관한 정규적인 보고를 하여야 하며, 20,000불 이상의 재산 변동이 있을 경우 즉시 보고하여야 한다.

2) 현지 선교부는 실질적인 관리를 위하여 사업을 주체하는 선교사를 정 책임자로 인준하며, 정 책임자는 정규적으로 현지 선교회를 경유하여 총회에 보고하여야 한다.

3) 재산을 운영하기 위하여 직원을 둘 수 있으며 직원은 선교사와 현지인 직원으로 나눈다. 형편에 따라 직책을 부여할 수 있다.

4) 선교사는 반드시 총회에서 파송된 정규 선교사여야 한다. 시무기간은 계약서에 명시한다.

5) 현지인 직원은 선교 현지에서 고용된 원주민을 말하며, 현지 근로기준법에 따라 대우한다.

6) 직원의 고용의 제한 – 모든 한국인은 유급 직원이 될 수 없으며, 한국인 직원은 반드시 선교사이어야 한다. 직원 및 선교사의 경우 정 책임자와 배우자의 4촌 이내의 인척 관계자와 그의 배우자는 직원으로 복무할 수 없다.

5. 재산의 처분 및 이양

1) 선교지의 재산은 비록 선교사가 개인적으로 취득하였을지라도 임의로 처분할 수 없다. 이는 반드시 총회의 허락을 받아야 한다.

2) 재산의 매각의 건이 발생한 경우 현지 선교회가 이에 대한 타당성 검토 후 서면으로 재산 매각 청원서를 총회로 제출하여야 한다.

3) 재산 매각에 따른 모든 현금 및 재산과 권리는 현지 선교부에 접수하여 총회에 귀속시킨다.

4) 재산을 현지인 혹은 현지 교단으로 이양할 경우 현지 선교회는 타당성을 검토하여 재산 이양 양도 청원서를 제출하여 총회의 허락을 받아야 한다.

5) 재산을 현지 교단으로 양도할 경우 본 교단과 협정관계를 맺은 교단에 이양하며, 교단관계협정 체결이 안 된 경우 반드시 협정을 체결하여야 한다.

6) 이양문서에는 반드시 총회의 허락 없이 재산을 매각할 수 없는 규정을 삽입하여 계속적으로 그 사업이 지속되도록 한다.

6. 재산의 인수인계

1) 재산의 관리책임자인 선교사가 선교지를 떠날 때 총회가 인준한 선교사에게 재산권을 인수인계하여야 하며, 인수인계하지 아니하고는 현지를 떠날 수 없다.

2) 부득이 다음 인수인계자가 없을 경우 현지 선교회는 이 사업을 접수하여 현지 선교회장이 임시 운영하고 후임 선교사가 파송될 때 이 사업을 인수하여야 하며, 임시로 운영하던 현지 선교회장이 임의로 계속 운영할 수 없다.

II. 교단 선교부(GMS)의 선교 전략적 개발을 위한 선교 방향
― 지역 선교부 출범을 중심으로[5]

GMS 선교부가 격동의 시간을 지나며 지역 선교부가 태동했다.[6] 교단 선교구조에서 선교단체 선교구조로 전환했다. 모달리티 선교구조(Modality's Mission Structure)에서 소달리티 선교구조(Sodality's Mission Structure)로 전환했다. 교단 선교부가 DNA가 전혀 다른 형태를 갖추었다. 다가오는 21세기 선교를 위해 포맷을 정비하여 교단 선교부 한계를 극복했다. 국제화를 위한 몸부림이라고 생각한다. 찬반론이 양분되지만 5,000명 선교 파송 시대를 꿈꾸며 불가피한 전략이었다고 생각한다.

---

5) 조용성, 《변화하는 글로벌 선교》 (쿰란출판사, 2012).
　본 글은 증보판 출판에 앞서 저자 조용성 선교사의 허락을 얻어 발췌 요약했다.
6) 2009년 8월 회기를 통해 공식적으로 운영규칙을 통과했다.

총론적으로 보면, 하드웨어 건물구조는 지어졌다. 각론적으로 보면 건물구조물인 소프트웨어 '우리 옷'[7] 포맷이 필요하다. 실무자들은 지역 선교부 출범을 위해 여러 단체 선교구조를 벤치마킹했다. 실제적 팀 사역 구조로 만들겠다는 의지에 대해 격려를 보낸다.

역사적으로 모달리티 선교구조에서 소달리티 선교구조로 선 점검이 요구된다. 리더의 한번 결정은 수많은 팔로어들이 따라야 하기 때문이다. GMS 지역 선교부는 여타 한 선교단체와 버금가는 인원이다. 중대한 구조 전환을 위해선 실험 기간(experimental period)이 요구된다. 치밀한 점검이 요구된다.

필자는 '교단 선교부의 선교 전략적 개발을 위한 선교 방향' 앞에 '지역 선교부' 출범을 중심으로 효율성 문제에 대한 점검을 나누려고 한다.[8]

---

7) 인터서브(Interserve) 국제화 결정은 지난 10년 전 구상이었다. 선교본부개념에서 집 개념으로 변화하고 있다. 이것은 업무적인 개념으로 본부가 움직이는 것이 아니라 집 개념으로 업무를 줄이고 편하게 해주는 본부로 개념이 변화하는 것이다. 현재 말레이시아 쿠알라룸푸르 홈 오피스로 옮기는 데 5년이 걸렸다. 국제선교단체도 거대한 본부를 움직이는 데 이처럼 시간을 요구했다. 핵심은 필드의 사역자들에게 피드백을 구체적으로 받았다는 데 의미가 있다.
8) 실크로드 지역선교대회로 모였다. 지역위원장, 서기(김국명 목사, 조승호 목사)가 강사로 나섰다. 실크로드 지역의 120여 명 선교사들이 2010년 6월 7-11일에 T국 I시 근교에서 모여 공식적으로 지역 선교부 출범을 위한 발대식을 가졌다.

제3장 효과(Synergy)

A. 지역 선교부 총론적인 점검(Check-Out)

GMS 팀 사역이냐, 현지 교회를 세우는 사역이냐?

모달리티 선교구조는 팀 사역 핵심가치가 여타 선교단체 구조와는 DNA 자체가 다르다. 교단 선교부는 개 교회에서 선교사를 선발해 교단 선교부로 위탁했다. 핵심은 선교부와 선교사와 교회는 거룩한 삼각관계 구조(Triangle's Holy Tension)로 되어 있다. 아래 도표를 보면 쉽게 알 수 있다. 이 3가지가 거룩한 긴장관계를 가지며 사역을 해야 한다.

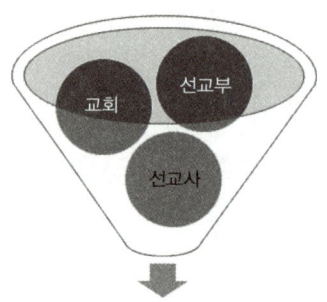

거룩한 삼각관계: 시너지효과
(Holy Tension: Synergy)

소달리티 선교구조(Sodality's Mission Structure)는 DNA가 다르다. 선교사 자신이 선교 출범 자체가 선교단체 특성과 구조에 대해 오리엔테이션을 받고 선교단체에 조인한다. 선교사 자신이 지원하는 선교단체의 DNA와 맞지 않으면 지원하지 않는다. 선교단체도 선교사가 부적격하다면 정중하게 거절한다.

교단 선교가 지향하는 팀 사역 개념이 '건강한 팀 사역'이다.[9] '건강하다'는 기준이 어디에 있는지 점검이 필요하다. 팀 사역의 핵심이 교단 선교부 강화만을 위한 수단으로 팀 사역을 강조하면 건강한 필드가 이루어질 수 없다. 건강한 팀 사역은 현지에서 교단 정체성이 없어선 안 되지만 교단 확장만을 위한 특화된 선교전략만을 강조하는 것은 지양되어야 한다.

교단 선교의 건강한 팀 사역은 현지 교회를 세우며 교단 선교부는 현지 교단 밑으로 들어가는 것이다.[10] 건강한 팀 사역은 현지 교단 밑으로 들어가야 된다. 현지 교회는 흥하고, 교단 선교부는 쇠해야 한다(요 3:30). 선교사는 쇠하고, 현지인은 흥해야 한다.[11] 선교사는 산모가 아니고 산파이다.[12] 선교사는 주 타이어가 아니고 보조 타이어이다.

---

9) 강대흥 사무총장은 "지역 선교부가 모달리티도 아니고 소달리티도 아니다"라고 밝혔다 (2010년 6월 29일, 제5차 선교사 임원회에서).
10) Cho, David Dongjin, A Historical Anatomy of the Power Encounter of the Christian Mission with the Nations: A Paradigm for the Future (Seoul: Star Press, 1991), p. 123.
11) 조용성, 《잊혀진 땅을 가슴에 품고》 (요단출판사, 1996), p. 34.
12) 조용성, 《발로 쓴 선교이야기》 (예영커뮤니케이션, 2008), p. 8.

국제선교단체(WEC, OM, Interserve, SIM, OMF, AIM)[13]들은 한국 선교 자원이 관심사이다. 서구 선교 감소와 퇴락과 전혀 무관하지 않다.[14] 서구 교회 세속화는 결국 선교사 중도 탈락과 감소와 직결되어 있다. 갈수록 감소하는 서구 단체들은 선교사들을 충원할 방법이 없다. 국제선교단체는 결국 '동결된 선교 자원(frozen assets)'[15] 한

---

13) 국제선교단체들은 지난 15년 전부터 선교 비상체제에 돌입했다. 국제 선교는 인력개발팀에서 감소하는 선교지원자들을 충원할 방안을 연구했다. 결국 한국 선교 자원이 최대 관심사였다. 한국 선교의 자원 개발은 '선교한국'이 선교 헌신자를 발굴하는 데 일조했다(선교한국 책임자, 한철호 선교사 글에서, "선교 동결된 자원을 개발하라", 2008년).

14) 조용성, "서구 기독교의 이동과 이슬람 선교 전략"(발제안, 2007년 7월, 시카고 세계 한인 선교대회).
21세기에 들어서면서 인류는 문명사적 전환기를 경험하고 있다. 교회와 선교도 동일한 변화를 경험하고 있다. 세계 교회는 예수 그리스도로 말미암아 출발한 기독교 2000년 역사에서 변화의 폭이 과거에 경험한 것과는 현격하게 크다. 크게 두 가지 변화가 교회와 선교에서 나타났다. 첫째는 남반부로 이동하는 기독교이다. 이 의미는 더 이상 기독교가 서구 기독교가 아니다. 20세기 말부터 2/3 세계권에서의 교회 성장과 서구 인구감소와 고령화 현상이 대표적인 예이다. 둘째는 북반구 서구 교회의 정체성(identity) 혼돈이다. 서구 교회의 정체성 혼란은 심각하다. 북반구의 서구 교회의 문제는 기독교 인구 감소가 단순히 교회의 감소뿐만 아니라, 기독교 전체의 정체성 감소가 되었다는 것이다. 결국 서구 기독교가 남반부 교회의 이동과 함께 정체성을 잃어버린 핵심은 바로 "교회의 세속화-Secularism"이다.

15) 크리스트 웰슨, 《자비량 선교》, 김만풍 역 (순출판사, 1989), p. 346.
'동결된 선교 자원'(frozen assets)을 일으켜라!
평신도의 대표적인 학자인 헨드릭 크래머는 평신도들을 향해 '동결된 자산'(frozen assets)이라고 했다. 평신도 중 대학생들은 교회사 가운데 선교의 큰 역할을 해왔다. 1792년 윌리엄 캐리가 주변의 많은 사람들의 만류를 뿌리치고 인도로 떠난 것이 현대 선교의 획기적인 전환점으로 보고 있다. 독일의 필립 스패너, 헤르만 프랑케 등이 대학가를 중심으로 경건주의운동을 일으켰다. 지겐발그, 플뤼차우 같은 젊은 지성인들이 선교사가 되어 인도로 갔다. 모라비안의 영향을 받은 존 웨슬리는 성신 클럽을 만들어 기도운동을 일으켰다. 이 영향을 받은 조지 화이트필드가 대학에 열풍을 일으켰다. 미국에 영향을 미쳤다. 용감한 일곱 대학생, 소위 '캠브리지 7인'으로 불리는 이들이 캠퍼스에서 복음 전파의 뜨거운 가슴으로 중국 대륙의 무명용사처럼 선교사로 떠났다. 건초더미 대학생들이 있다. 1806년 미국 윌리엄스에 다니는 대학생들이 기도회

국을 넘나보게 되었다.

한국 선교가 세계 선교 중심무대로 들어오면서 긍정적인 면도 많지만 부작용을 낳았다. 중앙아시아, 공산주의 이데올로기가 무너진 후 한국 선교는 후발주자로 갔다. 구 소련 시절 재세례파 선교가 74년 공산주의 이데올로기에서 생존 선교를 했다. 스탈린 당시 무신론 공산주의 체제에서 살아남았다. 한국 선교는 러시아 침례교 선교를 가볍게 평가해선 안 된다. 한국 선교는 74년 공산주의 이데올로기가 무너진 거미줄 쳐진 집에 허가 없이 들어갔다.[16] 한국 선교는 교회를 세우고 센터를 세우면서 서구 선교가 가히 해내지 못했던 선교 업적을 이루었다. 이것을 부정적 평가를 하든 긍정적 평가를 하든 말이다. 한국 선교를 반추하며 후자를 지적한다면 많은 부작용을 낳았다. 이것은 실크로드 20주년을 평가하면서 나눈 얘기이다.

그런 맥락에서 지금도 서구 선교의 아픈 상처가 있다면 '제국주의 선교'였다. 한국 선교가 제국주의 선교에 대해 비판적이면서도 실

를 마치고 돌아오던 길에 갑자기 소나기를 만나서 근처 건초더미 아래서 비를 피하면서 기도하던 중 선교사가 될 것을 서약했다. 그 후 형제단을 조직하여 선교훈련을 하고 50%가 선교사로 나갔다. 19세기의 복음 전도자인 무디를 중심으로 미국 매사추세츠의 헐몬 산에서 열린 여름 집회에서 성령의 역사가 일어났다. "세계 복음화를 우리 세대에!"라는 표어를 걸고 2,000명이 헌신하여 선교사가 될 것을 결단하고 선교지로 떠났다. 이것이 학생선교자원운동(The Student Volunteer Movement)으로, 50년에 걸쳐 2만여 명의 선교사를 보내게 되었다.

16) 중앙아시아 러시아 침례교 지도자와 만나서 나눈 얘기이다(1996년, 키르기스에서).

크로드 지역 선교는 제국주의 선교 복사판을 재현했다.[17] 서구 선교에서 한국 선교의 지적 부분은 '현지 문화의 이해 부족'을 심도 깊게 지적했다. 이것은 아직도 한국 선교가 풀어야 할 과제이다. 서구 선교의 주된 사역인 센터 중심 선교, 불러오는 선교를 답습하고 있다.[18] GMS는 팀 사역이 교단 선교사 팀 사역인지, 현지 교회를 세우기 위한 팀 사역인지 선 과제 앞에 있다. 이 문제에 대한 분명한 기

---

17) 조용성, "실크로드 지역 선교현황과 전략적 배치에 대한 연구", 총신대학교 선교대학원, 석사학위 청구논문, 2003, p. 74.
   첫째, 한국 선교사들은 전반적으로 문화에 대한 적응력이 매우 뛰어나며, 근면, 성실, 열정, 헌신도에 있어 강점이다. 이런 현지 적응력과 희생정신으로 교회 개척 사역에 있어서 다른 국가/지역 선교사들보다 비교우위가 있다.
   둘째, 문제는 교회 개척 사역에 있어서 현지에 대한 충분한 연구 없이 곧장 사역을 시작하여, 현지 문화에 적합한 토착교회를 세우지 못하고, 한국의 소속교단이나 파송교회 정도로 교회 개척 사역이 진행되고 있다는 점이다.
   셋째, 가시적인 성과에 급급하다 보니, 자신이 개척한 교회에서 계속적으로 담임목회를 하며, 건물과 시설에 계속적인 투자를 하고 있어 재고할 여지가 있다.
   넷째, 한국 선교사 스스로 선교사의 사역에 대한 평가 가운데 거의 모든 지역/국가를 막론하고 가장 많이 지적된 부분은, 현지 문화에 대한 이해 부족과 선교지에 한국적 문화를 심고 있다는 점이다.
   연구 결과의 첫 번째 항목에서 지적된 한국 선교사들의 강점에도 불구하고, 둘째, 셋째, 넷째 항목들은 과거 서구 선교사들이 자신들의 식민지에 문화적, 제국주의적 파워를 앞세워 자신들의 문화권 속에서 이루어진 교회 구조를 선교 현지에 심는 것을 선교사역의 주 활동으로 전개하였던 것과 조금도 다름이 없는 양상으로 해석될 수 있다. 이렇게 볼 때에, 교회 개척 사역에 대한 새로운 정의가 필요한 시대가 되었다고 판단된다. 우리가 미전도 종족을 대상으로 그들에게 교회를 세우고자 할 때에, 이미 실패한 과거의 방법을 답습한다면, 미전도 종족 사역에의 패러다임 시프트에도 불구하고, 이슬람 미전도 종족과 같이 기존의 구조적 교회를 거부하는 미전도 종족들 가운데에 진정한 교회를 세우는 일이 요원할지도 모른다. 우리는 다시 한 번 교회의 진정한 의미를 먼저 생각하며, 그것이 어떻게 지역적인 실체로 실현될 수 있겠는가에 초점을 맞추어야 한다.
18) 김성태, 《세계선교전략사: 교회사 속에 나타난 선교 전략과 사례 연구》 (생명의 말씀사, 2003 증보판), p. 145.

준을 제시하지 않으면 팀 사역은 시행착오를 계속할 것이다.

지역 선교부 출범과 함께 두 가지 질문 앞에 해답을 가지고 있어야 한다. 소달리티 선교구조가 대안인가? 소달리티 선교구조가 GMS 선교의 해법인가? 이 질문 앞에 정확한 방향성이 없으면 '소모달리티'(Somodality)로 함몰될 수 있다.[19] 결국 소달리티 선교구조가 모달리티 선교구조 속에 성장해 온 본 교단 선교부가 방향전환을 하려면 기본 점검이 필요하다. 이 점검 없이 다른 DNA를 접목시키면 부작용이 발생한다.

GMS 지역 선교부 구조는 국제선교단체 인터서브(Interserve)와 서남 침례교(IMB) 선교부 구조 뼈대를 벤치마킹했다.[20] 실제적으로 실

---

19) '소모달리티'(Somodality)라는 용어는 필자가 사용한 말이다. 소달리티와 모달리티의 합성어이다. 아직까지 국제선교학 용어에는 없는 것으로 안다. 핵심은 '이것도 저것도 아니다'란 의미이다. – 필자 주
20) IMB 선교 정책과 재정 시스템(Your missions funding questions answered) POLICY OF THE SOUTHERN BAPTIST CONVENTION'S INTERNATIONAL MISSION BOARD (adopted circa 2004) RESPONSE TO ALLEGATIONS OF SEXUAL OR PHYSICAL ABUSE INVOLVING A CHILD1. Statement of Policy The Board's policy is that sexual or physical abuse of a child by Board personnel will not be tolerated. A single act of sexual abuse by Board personnel, regardless of when that act occurred, will result in permanent termination of employment or volunteer service with the Board. A single act of physical abuse by Board personnel, regardless of when that act occurred, will result in appropriate administrative action, up to and including termination of employment or volunteer service with the Board.

크로드 지역 선교 출범에 앞서 지역 대표와 각 코디들이 발표한 내용을 보아도 쉽게 알 수 있다.

한 실례로 서남 침례교 재정 시스템(IMB-Pooling System or Semi-pooling system) 구조를 살펴본다. 서남 침례교 선교 재정 시스템 구조는 GMS 지역 선교부 시스템과 DNA가 전혀 다르다. IMB는 모금을 교단 선교부가 하고 선교사 지원자가 오면 모금 정책은 교단 선교 정책에 따르는 것으로 가르친다. 개인 모금을 못하게 되어 있다. 단지 프로젝트나 일정 모금을 하려면 선교부 허락을 받아야 한다. 이런 구조적인 다른 시스템을 가지고 있는 선교부 정책을 GMS 벤치마킹하려면 일정 시간 시험(시뮬레이션) 기간을 가져야 한다.

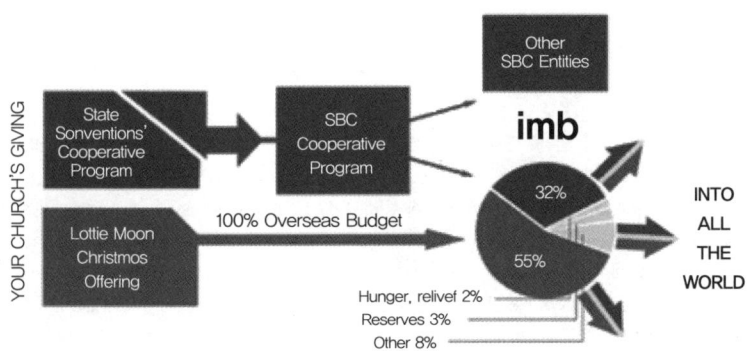

GMS가 확실한 소달리티 선교구조로 가려면 분명한 점검이 필요하다. 지역 선교가 모달리티 구조 안에서 소달리티 구조로 전환하는 데 선결해야 할 과제가 무엇인지 점검할 필요가 있다. 소달리티가 다 좋은 것만은 아니다. 모달리티 선교구조가 모두 나쁜 것만은 아니다. 리더는 '균형'을 잡아야 한다. 각 구조의 장단점을 파악하여 현실적으로 교단 선교부 구조로서 체질에 맞게 판을 짜야 한다. 이것이 선결되지 않으면 부작용을 낳는다.[21]

1. GMS 사명 선언서(Vision-mission-statement)

기관이나 단체나 조직이 선명한 목표를 향해 달려갈 때 중요한 것은 사명 선언서(Vision Statement)이다. 한 조직이나 단체는 사명 선언서를 생명처럼 여겨야 한다. 선명한 선언서를 가지고 있으면 그 조직은 선명한 목표를 향해 질주할 수 있다. 장로교가 여타 교단과 차별점이 있다면 그것은 '웨스터민스터 신앙고백서'이다. 이 기초 위에 교회 교리교육이 시행된다. 이와 같이 사명 선언서가 불분명하면 조직을 움직이는 리더와 팔로어들에게 혼선을 낳는다. 건강한 조직이나 단체는 사명 선언서를 중요하게 여긴다.

---

21) 현재 GMS 지역 선교부는 '소모달리티'(Somodality) 형태이다. 독립단체 된 선교부도 아니고, 교단 선교부도 아니다. - 필자 주

지역 선교부 출범에서 드러났던 부분은 사명 선언서의 부재였다. 지역 대표의 프레젠테이션에 사명 선언서에 대한 언급조차도 없었다. 지역 선교부를 어떤 방향으로 이끌지 방향타(Trim-tap)가 없다.[22]

GP는 지역 선교부의 선명한 사명 선언서가 있다. GP 사명 선언서는 다음과 같다. "GP의 사명은 마지막 시대의 선교를 이끄는 공동체로서 창의적 선교 전략을 가지고 서로 협력하여 현지의 지도력을 개발함으로 지구촌을 신속하게 복음화하여 하나님께 영광을 돌린다." GP 지역 선교부의 핵심 가치는 '창의적 선교 전략과 현지 교회 지도력 개발'이다.

2. 인력개발원(Human Resource Development): 일명 '싱크탱크 연구소'

한 조직의 인력개발원(HRD)은 인체 조직으로 보면 신경조직이다. 각 마디마디마다 기능을 잘하기 위해선 인력개발원에서 전략적 배치를 잘해야 한다. 조직 부서계의 기획부의 중요성이 여기에 있다. 건강한 조직은 인력개발원이 핵이다. 한국적 인사 조직은 연령 구조

---

22) 조용성, 《발로 쓴 선교이야기》 (예영커뮤니케이션, 2008), p. 240.
 트림탭(Trim-tap): 배나 비행기의 방향을 조절하는 작은 방향키다. 육중한 비행기나 무거운 배가 목표지점을 향하여 갈 수 있는 것은 배나 비행기의 힘이 아니라 방향타가 결정해 준다.

와 은사 구조가 혼돈되지만 국제화 기업들은 연령 구조와 은사 구조를 확실하게 구별한다. 조직이나 단체에선 능력 여하에 따라 연령과 관계없이 기능을 중요시한다. 필자가 국제 CCC와 사역했을 때 조직이 은사 중심이었다. 한국의 유교적 사고가 아니었다. 필자의 팀 책임자는 경험으로나 나이로나 필자보다 훨씬 나이가 어렸다. 문제는 이것이 팀 리더로서 조직을 이끌어 가는 데 문제가 되지 않았다는 것이다. 지역 선교부는 지부장처럼 순번대로 하는 것이 아니라 은사 중심으로 전환해 10-20년간 지속적으로 해야 한다.

삼성 인력개발원은 국내 기업 중 최고 기업이다. 삼성기업철학은 '사람이 경쟁력이다.' 신입사원이 입사하면 일차적으로 점검하는 것이 은사개발이다. 부서 배치가 되면 부서에서 자기가 잘할 수 있는 일이 무엇인지 점검한다. 잘할 수 있는 것과 열심히 하는 것은 무게가 다르다.

B. 지역 선교부 출범에 따른 점검(Check-Out)

1. 가상 팀 발표

지역 선교부 대표와 지역 코디들이 프레젠테이션을 했다. 많은 양을 발표했지만 문제는 발표하는 지역 코디들이 보편적으로 업무 분장에 숙지가 현저히 부족하다는 것이었다. 지부 회원들에게 방대한 계획과 목표에 대한 내용이 쏟아질 때마다 실현 가능성에 대한 회의감이 생겼다. 핵심은 전체적으로 공감대 형성이 없었다. 짧은 시간에 급조된 계획안이라서 소화되지 않고 전달했던 것이 원인이다. 최소한 지역 선교부 출범이 되었으면 전체적인 로드맵[23]을 사전에 지부로 전달해 '피드백'[24]을 받는 일이 선행되어야 한다. 당장 시험 시간이 없이 드라이브를 건다면 부작용이 생길 것이다.[25]

---

23) The Report of Global Mapping International(Norway, 2000).
24) 인터서브 국제본부가 말레이시아로 옮기는 데 5년이 걸렸다. 국제본부가 필드 조정관을 통해 의견 수렴을 하는 데 5년이 걸렸다. 핵심은 현지 사역자들의 피드백을 이처럼 중요하게 생각한다는 것이다(한국 인터서브 정경철 선교사와 대화 중).
25) 실크로드 지역 후배가 지역 선교부 출범과 함께 로드맵 없이 드라이브를 건 것에 대한 염려를 메일로 보내왔다.
"늘 때를 맞춰서 인생의 다음 문을 열어가는 키가 되어 주셔서 감사합니다. 좋은 선배요 멘토요 대학생 시절 씨씨씨 편지를 통해 접하게 된 님은 제게 선교사역의 ABC 같은 존재였지요. 이젠 가까이서 동역자, 후배, 씨맨의 냄새를 경험한 사람으로 늘 어려울 때 제일 먼저 생각나는 분이었습니다. 개인적으로 너무 감사하고 너무 행복합니다. 지역 선교부에 대한 몇 가지 제안입니다.
제 생각은 우선 모양 갖추기는 되었지만 배열이 좋지 않습니다.
장기판으로 보자면 왕과 기사들은 제자리를 잡은 듯한데 차, 포, 상, 마, 졸병들의 위치가 자신의 자리가 아닌 엉뚱한 자리에 배치되어 있어서 실전에서 역할을 충분히 못하겠다는 견해입니다.
저의 경우 지방에 있는데 1 또는 2팀에 배속이 된다고 해도 지역적인 거리 때문에 형식상 팀이지 실전에서 아무런 팀 활동을 못하게 됩니다.
국제단체의 경우, 팀은 같은 지역에서 같은 목표를 가지고 같이 논의하고 전략을 세우고 같이 결정하고 움직이는 반면, 저의 지역 팀은 의도는 좋지만 실전 팀 배치에 있어서는 아직 효과적이지 못하다고 봅니다.
또한 팀 구성도 이기적인 면이 도출되고 있고, 사역 면보다는 끼리끼리 마음 맞는 사람끼리 뭉치거나 아니면 거북한 사람으로부터 피하는 경향이 두드러집니다.
그리고 한 팀이 10가정 이상이 되면 자연스럽게 나눠진다고 했는데 10가정이면 20명

2. 지역 선교부의 핵심, 멤버 케어

지역 선교부의 출범과 핵심은 멤버 케어에 있다. GMS의 최대 약점이라면 2,570명이 100개국에 나갔다는 것이다. 이 방만한 지역에 멤버 케어 시스템은 거의 부재이다. 최근 본부에 위기관리팀이 있어서 다행이다. 사실, 현 구조와 인원을 가진 선교단체이면 순회 상담과 케어 전문가들이 10여 명은 있어야 한다. 순회 상담과 멤버 케어 전문가들은 지역을 정기, 비정기적으로 방문하며 케어 시스템을 갖추고 실제적 사역을 해야 한다.

인데 너무 비대한 규모가 아닌가 싶습니다.
5-7가정 정도로 안식년으로 빠질 경우를 대비해서 상시 사역 가정은 5가정으로 하는 것이 어떨까 싶습니다.
군대에서 평시와 전시의 분대와 소대, 그리고 중대의 규모가 다르듯이 미션을 수행한다는 측면에서 효과적인 이동과 모일 수 있는 규모가 적당하다 생각됩니다.
언어별, 인종별 팀 구성을 제안합니다.
이곳의 경우 언어별 사역 팀이 구성되어야 효과적인 교류와 협력과 연구가 상호 교환될 수 있다고 생각합니다.
저의 경우 키르기스인 사역만 전문으로 하는 분이 이곳 팀 중에서 얼마나 있는지, 키르기스어만 구사하는지 아니면 러시아어를 겸해서 하는지도 잘 모르고 있습니다.
저도 교회 개척을 했지만 예로 개척된 교회가 다민족으로 구성되었다면 도시에서는 보통 러시아어를 사용합니다. 이러고 보면 팀의 구성이 효과 면에 있어서 좋은 구성이 아니라고 생각합니다.
저도 어느 팀에 들어가야 할지 망설이고 있습니다.
사실 피하고 싶은 분들이 있거든요. 함께 사역하기가 심적으로 어려운 분들 팀에 들어가면 사역이 능동적이기보다 수동적이 되어가거나 아니면 포기해 버리겠지요.
현장에 사역하면서 제가 보았던 것을 바탕으로 몇 가지 의견을 드렸습니다.
좋은 모델들이 수년 내로 정착되었으면 합니다.
홍보용이나 겉보기 식이 아니라 실제로 결실이 있는 팀으로 말입니다.
강의로 좋은 영향을 미치게 되도록 기도하겠습니다.
실크로드 지역 강 형제 드림."

GMS는 인원과 행정력은 국내 여타 선교부에 비해 비교우위에 있다. 스스로 위로를 받는 것은 장로교 통합 선교부보다 GMS가 10년 앞선다고 하는 말이 실무자들의 입을 통해 전해진다는 것이다. 문제는 여타 선교부보다 앞선다는 것은 GMS가 잘하고 있는 것이 아니고 비교우위라는 데 이해가 필요하다는 것이다.

GMS가 선교 정책, 선교 후보생 선발, 인준, 파송, 인력개발원, 싱크탱크 연구소, 무형자산(은퇴 선교사 활용방안),[26] 선교사 중도탈락 문

---

26) "선교사 노후정책의 외국사례(미국 선교단체를 중심으로)", 조장연 박사(서울신학대학교 선교학 겸임교수).
한국기독교의 해외선교는 비교적 짧은 역사를 갖고 있지만 급성장하여 다른 어느 교회와 민족에 비교할 수 없는 놀랄 만한 해외선교운동을 경험하고 있다. 2002년 말 한국선교연구원의 선교사 통계에 의하면 1만 명이 넘는 해외선교사를 파송했으며, 이것은 세계에서 미국 다음으로 많은 해외선교사를 파송하는 나라가 되었다고 한다. 그러나 숫자로 본 선교사역의 규모는 상위권에 있음에 틀림없지만 선교의 성숙도 면에서는 많은 문제에 직면하고 있는 것이 사실이다. 강승삼 박사는 그동안 한국 선교는 보내는 일에 너무 바빴다고 지적한다. 타 문화권에 있는 영혼들을 복음화하는 일에는 보내는 일 외에 준비해야 할 많은 해외선교의 요소들이 있다. 그중에서도 가장 취약한 부분은 아마도 은퇴한 선교사들의 노후복지에 대한 대책이라고 생각한다. 예를 들어 지금 현장에서 선교사역을 감당하고 있는 많은 한국 선교사들이 은퇴한 뒤의 삶을 어떻게 살아가야 할지 고민에 빠져 있다. 하나님께서 주신 비전과 소명으로 인해서 타 문화권에서 기쁨으로 사역하지만 노후에 대한 생각을 하면 한국 교회의 성숙하지 못한 대책으로 인해 중도에 포기하는 선교사도 많이 있다고 한다. 참으로 안타까운 일이라고 생각한다. 반대로 노후가 잘 보장된다면 안심하고 마음 놓고 선교사역에 전심전력을 다할 수 있다는 이야기가 된다. 바야흐로 1만 명 해외선교사 시대를 경험하고 있는 한국 교회는 이제 10년을 내다보는 선교가 아닌 100년을 내다보는 선교를 준비해야 한다. 그러기 위해서는 타 문화권에 나가서 선교사역을 감당하는 선교사들의 노후를 보장해 주는 정책과 시스템으로 그들을 안심시켜 2만 명, 3만 명을 지속적으로 파송하는 한국 교회가 되어야 할 것이다. 그래서 필자는 이미 우리보다 앞서서 선교사의 노후대책을 마련하여 실행하고 있는 미국의 선교사 노후정책을 간략하게 살펴보고, 한국 교회의 선

교사 노후정책에 대한 방향을 제시하고자 한다.

1. 미국 개신교 교단 중에서 가장 교세가 큰 '남침례교단'(The Southern Baptist Convention)을 조사해 보았다. 남침례교단의 해외선교를 총괄하고 있는 국제선교부(International Mission Board)는 버지니아 주 리치몬드에 소재하고 있으며, 약 500여 명의 유급 직원들이 상주하여 약 6천여 명이 되는 해외선교사들의 사역을 돕고 있다. 국제선교부 2005년도 예산은 2억 8,300만 달러로, 3억 5,800만 달러의 예산을 세우고 있는 월드비젼(World Vision)에 이어 두 번째로 많은 선교예산을 갖고 있다. 그렇다면 가장 많은 선교사를 파송하고 있는 남침례교회의 선교사 노후정책은 어떻게 진행되고 있는지 버질 쿠퍼(Virgil Cooper, 아시아태평양지역 선교담당관)에게 몇 가지 질문을 던지고 그들이 갖고 있는 장기선교사(Long-term Missionary or Career Missionary)의 노후대책을 들어보았다. 미국에 있는 대부분의 교단들이 자체적으로 연금관리재단이 있는 것처럼 남침례교단은 교역자와 선교사를 위한 은퇴연금과 보험 업무를 관장하는 연금관리국(Annuity Board of SBC)이 있다. 이 연금관리국을 통해서 국내에서 목회하고 있는 목회자와 선교사들은 동일한 은퇴 혜택을 누릴 수 있게 되는 것이다. 첫 번째로 장기선교사로 헌신하게 되면 매월 후원금의 일부를(대략 10%) 연금관리국에 적립하여 은퇴보장 프로그램(Retirement program)에 가입하게 된다. 이때에 동일한 액수를 국제선교부에 함께 적립하게 된다. 장기선교사들에게는 의무로 되어 있고 선교사 부부가 각각 가입해야 하며, 은퇴 후에는 은퇴연금이 각각에게 일정액이 사망 시까지 지급되는 프로그램이다. 둘째로 미국인들은 사회보장연금을 납입하게 된다. 직업을 갖고 있는 동안 월 급여에서 일정액의 사회보장연금(Social Security)을 자동적으로 국가에 납입하게 된다. 마찬가지로 은퇴 후에는 이런 납세를 한 미국시민은 각 사람에게 연금이 지급된다. 이렇게 하여 은퇴 선교사들은 최소한 두 곳으로부터의 재정적 수입을 얻게 되어 최소한의 삶을 영위할 수 있게 된다. 연금액수의 차이는 있지만 이 수입으로 은퇴 후 살아가는 데 기본적인 삶을 살 수 있다는 것이 선교사들의 말이다. 물론 이것 이외에 더 많은 경제적 필요를 느끼는 은퇴 선교사들은 건강이 허락하는 한 목회사역, 일반직장, 자원봉사 또는 2년의 단기선교를 나감으로써 재정적 필요를 만회할 수 있다.

2. 전 세계에서 5천 명 이상의 타 문화권 선교사를 갖고 있는 '위클리프성경번역선교회'(Wycliffe Bible Translators)는 약 8천만 달러의 선교예산을 지출하고 있으며, 선교예산 규모 미국에서 일곱 번째 규모를 자랑하고 있다. 선교사의 노후대책은 선교회에서 별도의 은퇴 프로그램을 갖고 있지 않지만 장기선교사들의 선택에 의해서 일반인들이 포함된 은퇴연금 프로그램과 의료보험 가입을 의무화하고 있어 남침례교회 선교사와 마찬가지로 은퇴 후 보험사나 금융기관을 통해서 연금을 받아 생활하게 된다. 이때에 10%의 후원금을 납입하게 되며, 선교회에서 또 다른 10%를 납입하게 되어 후에 두 배의 연금을 받게 된다고 한다. 비키(Vicki Skelton, 국제사역담당자)는 이들 역시 사회보장연금(Social Security)을 받게 됨으로 기본적으로 두 곳으로부터 은퇴연금을 받게 되어 생활을 유지하게 된다고 말한다. 그 밖에 은퇴 후 선교사들이 집이 없는 경우 싼 가격으로 임대할 수 있는 아파트, 모빌 홈, 식당, 의료시설 등이 제공된다. 또한

은퇴 후 자원봉사 등을 통해 부수입을 올리기도 한다고 말한다.

3. 미국에서 선교단체로서 선교예산이 천만 달러 이상이 되는 70개의 선교단체 중 58번째인 'OMS 선교회'의 사례를 David Graffenberg를 통해서 들었다. OMS 선교회는 자체의 연금 프로그램(Retirement Program)을 갖고 있으며, 장기선교사들에게 의무적으로 가입하도록 하고, 위의 두 경우와 마찬가지로 후원금의 10%를 매월 적립하면 동일한 금액을 선교회에서 납입함으로써 연금 프로그램이 준비되게 된다. 그리고 마찬가지로 이들도 사회보장연금을 받게 되어 국가로부터의 수입과 연금 프로그램으로부터의 수입을 통해서 은퇴 후의 삶을 살아나갈 수 있다고 David는 말한다. 필자는 의심스러워 그에게 이 두 곳으로부터의 수입이 충분한 수입이 되냐고 물었을 때에 노후가 보장된다는 대답을 선교사들로부터 들었다. 이 밖에도 미국에는 뜻있는 독지가들에 의해서 세워진 많은 은퇴 선교사들을 위한 초교파적인 선교사 홈타운, 선교사 빌리지 등이 있어 집 없는 선교사들이 저렴한 가격으로 아파트 등을 임대하여 은퇴 후의 여유 있는 삶을 살고 있다고 강조한다. 더불어서 그는 미국의 장기선교사들에게 있어서 노후의 복지문제는 이러한 연금제도 등을 통해서 안정되었고, 선교사가 중도에 포기하는 요인으로 작용하고 있지 않는다고 말하고 있다. 물론 미국의 Gospel For Asia(GFA) 같은 선교단체는 인도의 자국인 선교사 위주로 사역하기 때문에 특별한 은퇴연금 프로그램이 없는 곳도 있다.

위의 사례를 통해서 우리는 미국 선교사들의 안정적인 연금제도가 그들에게 노후복지를 보장하고 있음을 알았다. 그리고 이런 것들이 미국 주도의 계속적인 개신교 선교를 주도하고 있는 큰 힘이라고 생각한다.

그렇다면 오늘 우리 한국 교회의 해외선교사 노후복지대책은 무엇인가? 몇 가지 제안을 통해서 한국 교회의 선교사노후정책에 반영되기를 희망해 본다.

첫째로 선교사들을 위한 은퇴연금 프로그램에 반드시 가입하도록 해야 한다. 물론 이것은 이미 시행하고 있는 선교단체나 교단의 선교부가 있는 것으로 안다. 이것은 일반 금융권의 은퇴 연금 프로그램을 포함하며, 이것의 납입을 위하여 선교사들이 후원금을 넉넉하게 확보하여야 한다. 마찬가지로 선교부에서도 동일한 금액을 납입해 줌으로써 은퇴 후 선교사들이 받을 수 있는 지급액을 높여 줄 수 있다. 이때 국민연금이 많지 않음을 고려한다면 은퇴 후 수입의 상당량을 차지할 것으로 보인다.

둘째로 국민연금 프로그램이다. 한국에서도 이미 시행되었고 전 국민을 상대로 하고 있기 때문에 은퇴 후 연금 혜택을 받을 수 있다.

셋째로 장기선교사들은 반드시 건강보험에 의무적으로 가입해야 한다. 마찬가지로 선교후원금의 일부로 의료보험료를 지급할 수 있도록 해야 한다. 선교지에서 건강상 문제가 있을 때에 본국에 와서 저렴하게 치료받을 수 있어야 한다.

넷째로 뜻있는 선교단체나 교단 선교부들을 중심으로 선교사들에게 저렴하게 임대해 줄 수 있는 아파트나 선교홈 등을 확보해야 할 필요가 있다. 대부분의 은퇴선교사들이 집을 마련할 수 있는 능력이 없다고 할 때에 이 일은 아주 시급한 한국 교회의 과제라 생각한다. 이런 일련의 일들이 한국 교회 안에서 시행된다면 많은 선교사들이 마음 놓고 '노후의 걱정을 떨쳐버리고 선교지에서 자신의 삶을 불태울 수 있을 것이다.' 무제, 현지 교회와 협력문제, 선교지 재산문제, 본부 행정 몸집 줄이기 (재정, 인사 아웃소싱), 위기 관리, 사역 신용평가 등등 넘어야 할 산이 아직도 많다.

지역 선교부 출범과 함께 취약점으로 드러난 부분은 전문적 멤버 케어의 부재가 현격하게 드러났다는 점이다. 전문 코디가 없다면 최소한 본부 전문 멤버 케어의 도움을 받아 실제적 대안을 내놓아야 한다. 대안이 없다면 중장기 실천 가능한 부분이라도 대안을 제시했어야 한다.

기업 조직 관리 원칙을 보면 두 구조가 공존한다. 첫째, 나이 구조(Age's Structure)가 있다. 둘째, 권위 구조(Talent's Structure)가 있다. 나이 구조는 기업 조직 관리에서 협동과 팀을 이루는 데 사용된다. 권위 구조는 생산성을 목표로 둔다. 기업 조직 관리에서 목표는 이익 창출이다. 국가 블록이 없어진 무한경쟁사회에서 기업이 생존하기 위해 경영 전략이 절대적이다. 나이 구조는 통하지 않는다. 기업이 생존하며 운영관리 면에서 필요하다. 문제는 각자 맡겨진 일의 추진력과 역량이 관건이다. 조직 안에 탁월한 능력과 추진력을 가지고

엇보다도 선교사 노후복지의 확립을 위해서는 각 선교부가 은퇴선교사가 은퇴연금을 통해서 안정적 삶을 유지할 수 있도록 기금을 확보하여 장기선교사를 보호하고자 하는 단호한 의지가 있어야 한다.

목표를 달성하는 것이 기업 관리 원칙이다.

중국 관료제도와 로마제국 통치는 차이점이 있다. 중국은 만리장성을 쌓아 자기 민족들끼리 관리를 등용하여 관리하였지만 로마제국은 길(Via Eginatia)을 만들어(사회간접자본) 각종 도시국가를 만들어 세계를 지배했다는 차이이다.[27] 중국과 로마제국이 차이가 있었다면 창조적 리더의 사고 차이였다. 지역 선교부 출범에서 지역 코디 선정은 은사 구조와 나이 구조의 혼돈이었다.

리더의 영향력인 '리더십은 영향력(influence)이다.'[28] 모든 사람이 리더십에 대해서 말하지만 실제로 리더십을 이해하는 사람은 적다. 많은 사람들이 리더십을 원하지만 실제로 리더가 없다. 사람들은 대부분 리더가 되고 싶어 한다. 리더가 되려면 리더십을 배워야 한다. 선교 현장에서 리더십에 대해 고민하며 결론을 얻었다. 결국 리더십은 영향력이다. 그 이상도, 그 이하도 아니다. 좋아하는 리더십에 대한 속담이 있다. "스스로 리더라고 생각하더라도 따라오는 사람이 없다면, 그저 산책하고 있는 것이다." 당신이 리더십을 자기 추종자를 얻는 능력이라고 생각한다면 오산이다. 사람들을 어떻게 인도해야 할지부터 배워야 한다.

---

27) 시오노 나나미, 《로마인 이야기》(7권), 김석희 역 (한길사, 1990).
28) 존 맥스웰, 《당신 주위에 있는 사람을 키우라》, 임윤택 역 (두란노, 1997).

　일본의 전설적인 정치 영웅이었던 다나카 수상의 취임 연설 시 말이다. "저는 정치의 초년생으로 여러분들보다 문외한입니다. 제가 할 수 있는 일은 여러분들이 일하고 일의 책임은 제가 지겠습니다." 선교는 전문가인 선교사들이 하고 본부의 실무자는 선교 일의 책임을 진다는 생각으로 일해야 한다. 한 조직이나 단체가 책임 질 수 있는 리더 밑에서 일하는 사람들은 행복한 사람들이다.

제4장

거버넌스(Governance)

"우린 과거는 변화시킬 수 없지만 하나님은 미래를 위해 우릴 변화시키신다"(We cannot change the past, but God is changing us for the future).
– 프랭크 보먼

I.
굿 거버넌스(Good Governance)와 GMS 본부 선교[29]
- GMS 선교부의 발전적 제안

굿 거버넌스(Good Governance) 키워드는 갈등, 분열, 치유를 해결하는 용어이다.[30] 거버넌스(Governance)는 거버먼트(Government)와 달리 정치, 경제, 사회적 자원 분배로 총체적 구조 과정을 의미한다. 한 사회 내의 다양한 기관이 자율적으로 국정운영에 참여하고 협력한다는 점에서 '협치'(協治) 개념이다. 거버넌스는 정부차원을 넘어 사회의 다양한 주체가 자율성을 지니면서 국정에 참여하는 통치방식이다. 거버넌스 이론의 본질은 대리인의 권리남용, 이해상충을 방지하고

---
29) 조용성, 《변화하는 글로벌 선교》 (쿰란출판사, 2012).
  본 글은 증보판 출판에 앞서 저자 조용성 선교사의 허락을 얻어 발췌 요약했다.
30) 김의영, "지속가능 발전과 거버넌스: 한국의 실태와 제안", 〈국가전략〉 2016년 제 22권 1호, pp. 65-66.

대리인 비용(agency cost)을 감소시켜 책임성(accountability)을 강조하는 방식이다. 거버넌스 최고 석학인 가이 피터스는 "거버넌스는 공동목표를 달성하기 위해 핵심 이해관계자(Stakeholders)가 함께 참여하여 의사결정을 조정해 가는 과정"[31]이라고 했다.

굿 거버넌스는 어질고 올바른 정치라는 추상적 개념이 아니라 국민 참여와 투명성을 보장하는 정치 시스템으로 해석할 수 있다. 이념과 지역감정으로 갈라져 있는 조국 현실을 하나로 묶는 선진국 발판을 놓은 국가 운영 시스템이 굿 거버넌스이다. 결국 거버넌스 시스템은 변화하는 의사결정 과정으로 투명성, 효율성, 참여성을 확보하는 것이 핵심 골격이다. 지속 가능한 발전을 위해서 글로벌 수준에서 민관 협치(協治)의 '거버넌스 정치'가 새로운 패러다임으로 부상하고 있다.

이런 맥락에서 GMS도 변화하는 세계 선교 흐름을 읽고 굿 거버넌스를 수용할 수 있는 시스템(이사회, 본부, 현장 선교사)으로 전환해야

---

31) http://m.riss.kr/search/Search.do? 2017/1/27
UN은 굿 거버넌스에 대해 다음과 같이 정의했다. "어떤 의사결정과정(The process of decision-making), 결정사항이 실행되는 과정(The process by which decisions are implemented)이다." 어떠한 목표를 달성하는 데 있어 그 달성되어 가는 과정의 참여성, 투명성, 효율성을 중요하게 여긴다. 과거엔 결과만 좋으면 어떤 경로를 통했어도 상관을 안 했지만, 지금은 결과 이전에 그 과정 자체의 합법성/합치성/합리성도 중요성으로 본다. 결국 거버넌스는 선한 목표의 지표라고 볼 수 있다.

한다. 본부의 리더로서, 선교가 현장중심의 지속 가능한 행정 서비스의 지표를 고민하며 몇 가지 문제제기와 대안을 제시코자 한다.[32]

현재 GMS 본부 선교구조는 태생적으로 행정 서비스란 이름으로 행정국 중심으로 움직이고 있다. 행정국에서 사역국, 행정국에서 훈련국으로 업무가 연결 구성되어 있다. 본부 기본 행정서식을 보면 쉽게 알 수 있다. 업무 결재를 받기 위해 모든 협조전을 행정국으로 올려야 한다. 모든 일처리가 행정국으로 방향이 정해지므로 담당직원들은 업무간소화와 효율성을 고민하지 않고 제도적으로 만든 관행을 생각 없이 따른다. 신입간사들은 시니어 간사에게 행정 매뉴얼보다 구전으로 전해 듣고 일한다. 업무 협조전이 왜 이런 형식으로 되는지 고민이 없다. 부서장이 물으면 선임자가 그렇게 가르쳐 주었다고 답한다. 문제는 전수받은 초임간사들은 효율성도 모르고 배운 대로만 시행한다는 것이다. 구전으로 배운 행정이 관행이며 법이 된 것이다. 이런 상황에서 업무처리를 하다 보니 일관성이 없다. 간사마다 업무처리방식이 다르다. 이것이 현행 선교본부 구조의 단면이다.

일련의 행정 구조에 문제제기와 대안을 제시한다.

---

32) 본 제안은 23가지로 평소 고민했던 내용인데 중복될 수도 있다.

업무 효율성 문제: 행정국(11명)과 사역국(8명)

현재 본부는 행정부 중심으로 선교부를 운영한다. 행정부 인원을 보면 금방 알 수 있다. 행정부 업무는 비교적 업무 분장이 잘되어 있다. 담당간사들도 최소 10년 이상 시니어 간사들이다. 훈련국, 사역국을 두루 거친 간사들이다. 비교적 업무 경험이 풍부하다. 행정국 간사들은 자기 업무는 충실하지만 사역국과 훈련국 업무는 별개 부서처럼 생각한다. 상부상조의 모습이 없다. 상대적으로 사역국 간사들은 초임자들이다. 업무 파악이 서툴다. 당장 모르면 행정국 시니어 간사에게 뛰어간다. 이것이 GMS 본부 현실이다.

사역국의 과중한 업무 현실: 인원 충원 요청

사역국 인원은 절대부족이다. 전 세계 2,570여 명 100개국 선교사들을 서비스하기엔 역부족이다. 한 간사가 500명 각 나라의 선교사들을 맡고 있다. 아침에 출근하면 본부 메일로 오는 선교사 행정처리만 해도 반나절이 소요된다. 매주 화, 수 처리하는 송금 일이며, 담당자는 점심 먹을 겨를도 없다. 과중한 업무를 하는데도 다른 부서들은 자기 일이 아니기에 강 건너 불구경이다. 공동체의식이 없다. 사역국의 과중한 업무 해법은 현재로선 최소한 국장 1명과 간사 1명을 더 재배치해야 한다. 이런 지원 없이는 현실적으로 시급한 행정 서비스를 할 수 없다.

직원과 선교사/ 갑을 관계: 직원(정규직)과 선교국장과 부서장(비정규직?)

본부 직원들은 모두 다 정규직이다. 연령제한으로 한두 사람을 제외하곤 모두 정규직이다. 정규직은 자신이 사직하지 않는 한 본부에서 사직시킬 수 없다. 만약 자신이 원하지 않는데 사직시키면 당장 노동부에 고발하면 제재가 온다.

본부 선교사는 다르다.

본부 선교사는 임기가 3년, 6년이다. 국장 채용도 연령제한이 있다. 국장과 부서장은 임기를 마치면 떠난다. 본부 직원들은 영구직이다. 선교국장과 선교총무는 일시직이다. 여기에서 문제가 발생한다. 본부 직원들은 오랜 근무로 업무파악을 했다. 부서장이나 국장은 업무 파악할 때면 떠나야 한다. 결국 직원들은 정규직이고 부서장, 국장은 비정규직(?)과 같은 모습이다. 이런 구조 속에 국장이나 부서장이 리더십을 행사할 때 직원들에게 영향력을 못 미친다. 부서장이 아무리 떠들어도 시간이 해결한다고 생각한다.

사직 선교사와 한 직원의 대화: ' ++하네' 언어표현

가슴 아픈 실화이다. 한 선교사가 가정사로 사직을 했다. 퇴직금 문제로 간사와 대화 중 간사에게 맘을 상하게 했다. 구체적인 내용은 잘 모른다. 사무실에 돌아와 혼자서 말한다. ' ++하네' 이것이 직원이 선교사를 대하는 단면이다.

직원간 불신: 모 국장+모 팀장, 모 과장+모 선교사

사역국과 행정국 직원들의 갈등구조이다. 한 실례로, 사역국 모 팀장이 멤버 케어로 행정국에 출장을 신청했다. 행정국에선 허락하지 않았다. 사역국 모 선교사가 '홀사모'(남편이 세상 떠난 분들) 모임을 위해 외출하는데 행정국에선 허락하지 않는다. 아마 두 국장 사이에 어떤 갈등이 있었다고 한다. 사역국 책임자인 선교총무가 허락했으면 최종 허락을 받은 것이다. 그 외에 무슨 허락을 어디서 받아야 한단 말인가? 이것이 행정국의 현실이다.

정기 임원회의/ 아젠다: 70% 행정국/ 30% 사역국

정기 임원회 아젠다를 살펴보면 70%가 행정에 관한 내용이다. 사역국과 훈련국에 관한 내용은 30%에 불과하다. 이사회에서 행정국의 사안은 정임원회에서 간단하게 허락과 추인으로 결정될 수 있는 일이 다반사이다.

사역국 아젠다는 사안이 다르다.

신중하고 시간을 두고 결정해야 할 사안들이 많다. 선교사 사직

문제, 파송교회 중단 문제, 현지 교단과 재산권 문제, 신학교 분쟁 문제, 가정문제, 자녀교육문제, 선교지 재산권문제들은 시간을 두고 고민하며 현장을 지도해야 할 사안이다. 일련의 문제는 선교총무와 현장 선교사들과 머리를 맞대고 긴 시간 고민하며 현장지도해야 할 사항이다. 한마디로 매월 정기 임원회에서 단회적으로 결정할 사안이 아니다. 이렇게 사안이 다른 것을 행정적으로 처리할 수 없다.

선교사 파송식 문제

원래 선교사 파송식은 사역국 고유의 업무였다. 어느 날부터 선교사 파송식을 행정국에서 시행케 되었다. 이것은 행정국과 사역국이 갈등하며 서로 파이를 많이 나누려다 빚어진 업무적 비극이었다. 선교사 파송은 당연히 사역국 일이다.

매월 이사회 임원회의: 패러다임 전환의 필요성

여타 선교단체나 교단 선교부 가운데 GMS처럼 매월 정기 임원회로 모이는 단체는 없다. 이사회 임원들이 모두 다 목회현장에 계시는 분들이다. 한 달에 한 번씩 임원회로 모이는 것은 행정적 낭비이다. 더욱이 지방에서 올라오는 일은 더욱 그렇다. 통합 측 선교부는 3개월에 한 번 모인다. 고신 선교부도 3개월에 한 번 모인다. GMS 현 이사회는 패러다임 전환이 요구된다. 매월 한 번은 정임원들만 모이고 이사회 임원회는 분기별로 모이는 것이 바람직하다.

직원복지(급여) 문제: 행정직원과 선교사 복지 불균형

본부 정식 직원 급여와 선교사 급여가 다르다. 원래 의도는 좋다고 본다. 문제는 선교사가 본부에 근무하면 1년이 지나면 후원 교회가 절반 이상으로 떨어진다. 처음엔 행정직원보다 많게 보이나 시간이 지나면 점점 줄어든다. 이런 직원복지 불균형은 사기를 저하시키는 일이다. 행정직원과 선교사 본부 급여는 형평성을 살려 균형을 이루어야 한다.

사역국 업무 비효율성: 평일 12:00-21:00, 토요일 오전 당직 근무제도 실시

선교부가 행정국 중심으로 이루어진 대표적인 실례가 직장근무제도이다. 사역국은 행정국과 업무가 구별되어야 한다. 예로, 전 세계에 나가 있는 선교 지역은 시차가 각각 다르다. 남미가 지금 여름이면 러시아는 겨울이다. 중동과 중앙아시아는 본부와 6-7시간 시차가 난다. 남미나 북미주는 12시간 시차가 난다. 현장 선교사들이 아침에 일어나 본부 직원들과 오프라인에서 대화를 하고 싶어도 시차 때문에 조금만 늦으면 본부는 이미 퇴근이다. 사역국은 행정국과 달리 업무시간 조정이 필요하다. 가능하면 당직을 해서라도, 토요일 오전 근무만이라도 실시해서 현장 선교사 눈높이로 필요를 채워 줘야 한다.

멤버 케어 시스템 제도화

GMS 선교부를 향해 슈퍼 단체라고 말한다. 대 합동 교단 2,570여 명 선교사들을 거느린 단체가 'Task Force' 팀 없이 움직이고 있다. 거대한 단체의 초라한 모습이다. GMS보다 작은 단체들도 멤버 케어 시스템이 제도화되어 있다. 아직도 늦지 않았다. '소 잃고 외양간 고치는 비극이 없도록' 지금이라도 제도화해야 한다. '위기관리팀'은 필자가 임기 중 세웠다. 문제는 지속적인 인원과 재정으로 활성화되어야 한다.

선교총무 현장지도 고충

선교총무가 해외 출장을 가는 데 불편한 것 중 '본부 출장비 건'이다. 행정국 실무자는 개인 카드를 사용하고 영수증 처리하라고 한다. 예전엔 해외 출장을 하면 일당으로 100$를 지불했다. 실무자의 고충은 본인 카드를 사용해 영수증 처리를 해야 한다. 행정국 실무자는 과거 선교총무가 카드를 사용해 문제가 생겨 금지시켰다고 한다. 과거 선례 때문에 선교 현장 지도에 어려움을 주어선 안 된다. 효율성과 합리적인 방법으로 행정을 해야 한다.

사역국 차량 요청

본부 업무용 차량은 행정국이 전용으로 사용한다. 사역국은 업무협조를 구해야 차량을 사용할 수 있다. 사역국은 경조사가 한두 건이 아니다. 실무자가 자기 차를 타고 일일이 통행료, 유류비 청구가 어렵다. 사역국 차량지원을 요청한다.

훈련생 케어와 교수 요원 충원 문제

훈련생 케어는 당면한 과제이다. 전인적 선교훈련은 강의만이 아니다. 강의 이후 훈련생들과 대화를 통해 삶과 전 영역을 도와야 하는데 교수 요원이 없다. 더욱이 훈련책임자의 아내가 본부에서 함께 돕지 못하는 처지이다. 한편, GMTC(변진석 원장, 목동) 훈련원은 풀타임 교수 요원만 7명이다.

간사 재교육: 직장 개념에서 선교단체 개념으로 패러다임 전환

현재 본부의 취약점은 직원 재교육이 문제이다. 한번 들어오면 영원히 직장 개념이다. 훈련을 받아 본 경험이 없다. 행정 서비스, 예절, 청지기 재정정책훈련, 선교 현지방문 등 구체적인 훈련을 단계별로 받아야 한다.

직원: 교회봉사 제도화

필자가 놀란 것은 본부 직원 간사들 가운데 교회 봉사를 하지 않는 간사들이 많다는 것이다. 교회에서 봉사하지 않고 주일 출석 정도로 신앙생활을 한다. 직원들의 지 교회 봉사를 제도화해서 본 교회와 긴밀한 선교 협력을 해야 한다. 한 걸음 나아가, 간사들도 봉사하는 교회에서 선교사 대우 후원을 받는 데까지 끌어올려야 한다.

직원 양극화 현상

본부 직원들의 아픔은 서로가 서로를 불신한다는 것이다. 본부 안에 언제부터인지 직원들이 모이는 그룹들이 있다. 끼리끼리 모인다. 그러나 자기와 다른 사람들과는 점심 식사도 함께하지 않는다. 일련의 직원 양극화 현상은 하루아침에 이뤄진 일이 아니다. 일차적인 책임은 리더들에게 있다. 이제 서로를 내려놓고 해결하며 일해야 한다.

직원 채용 문제: 총무 권한(현, 사무총장) 부여

현 본부 구조는 총무(본부, 선교) 권한이 없다. 간사 채용까지 이사회에서 결정한다. 공문 결재도 부서장 임의로 하지 못한다. 지부장, 지역대표 선출도 이사회에 최종 허락을 받아야 한다. 검증과 지도는 필요하지만 필요 이상으로 이사회 구조로 가는 것은 발전적인 선교부가 아니다. 이사회는 두 사무총장이 잘할 수 있도록 돕는 구조가 되어야 한다. 이사장이 선교 현장을 지도하는 것은 아니다.

총무(현, 사무총장)가 본부 업무파악을 할 때면 임기는 마친다.

초기 부서장은 임기 중에는 전체적인 업무가 안 보인다. 각 부서 간에 사역을 하면서 크고 작은 문제에 직면하면서 원인을 발견케 된다. 이런 구조적 문제를 발견하고 시도하려면 임기를 마치게 된다. 건의를 한다면, 부서장은 본부 근무 한 텀을 마친 국장급에서 리더십을 맡아야 한다.

감동경영, 감동선교: GMS 본부 혁신방안은 없는가?

최근 기업경영의 혁신구조 중에 '감동 경영'이 있다. 이것은 소비자 중심 눈높이로 다가서는 기업의 혁신구조이다. 기업이 소비자를 감동시켜 물건을 판다면 선교도 감동 선교를 해야 한다. 지금은 선교사가 교회를 감동시켜야 한다. 본부가 선교사를 감동시켜야 한다. 직원들이 선교사들을 감동시켜야 한다.

선교총무(현 2 사무총장) 임무 한계[33]

본부 운영규칙을 살펴본다. 선교총무와 본부총무 임무를 아래와

---

33) GMS 운영규칙 제8장 본부와 지부(정관), pp. 37-38(개정안 2015년 9월).
제16절 행정부(본부총무)
업무: 본 회의 각종 사무행정업무, 선교지원 및 재산관리와 도서출판, 선교사 복지에 관련된 본회의 결의사항을 집행한다.
제17절 사역부(선교총무)
1. 업무: 본 회 소속선교사의 현지 사역에 관련된 본 회의 결의사항을 집행. 각종 선교 연구개발업무 및 선교훈련과 관련된 본 회의 결의사항을 집행한다.

같이 규정했다. 선교총무 임무는 아래와 같다.

> 본 회 소속선교사의 현지 사역에 관련된 본 회의 결의사항을 집행, 각종 선교 연구개발업무 및 선교훈련과 관련된 본 회의 결의사항을 집행한다.

선교총무의 임무는 '현지 사역에 관련된 일들을 집행'하는 임무이다. 본부총무의 임무는 '각종 사무행정업무, 선교지원 및 재산관리와 도서출판, 선교사 복지에 관련된 일을 집행'하는 임무이다. 결국 행정부는 선교 필드가 원활하게 사역이 진행될 수 있도록 지원하는 부서이다.

행정부는 사역국이 현지 사역을 원활하게 집행할 수 있도록 지원하는 구조가 되어야 건강한 구조이다. 이런 구조로선 적은 인원으로 최대의 효과를 낼 수 없다. 행정부가 원활한 사무행정업무를 집행하여 효율성 있게 사역국을 지원할 수 있도록 제도적 장치를 마련해야 한다.

* *

미국을 앞선 소련 우주선 스푸트니크 호 발사에 패배감을 느끼며 당황해하던 미국을 향해 존 F. 케네디 대통령은 담대한 구상을 선언한다.

"나는 이 나라가 1960년대가 지나가기 전에 달에 인간을 착륙시킨 뒤 지구로 무사히 귀환시키는 목표를 달성할 것을 믿습니다."[34]

마침내 1969년 인류 최초로 유인우주선 아폴로 11호의 달 착륙에 성공했을 때 달 표면을 밟은 우주비행사와 통화하려는 닉슨 대통령을 향해 NASA 연락관 프랭크 보먼은 말했다. "달 착륙은 당신의 것이 아닙니다. 케네디 대통령의 유산입니다." 이것이 바로 위기국면에서 해야 할 리더의 역할이다.

굿 거버넌스(Good Governance) 키워드는 갈등, 분열, 치유를 해결하는 용어이자 위기국면에서 해결해야 할 리더의 역할이다. 지금 GMS 선교 본부는 갈등구조를 치유하는 행정으로 나아가야 한다. GMS는 큰 산을 넘었다.

역사적으로 국가나 종교나 정치나 사회나 단체가 '제도화'되면 부패했다. 법과 제도를 강화시키는 것은 영성과 리더십이 약한 데서 나온 것이다. GMS 선교부에 제안하고 싶다. 본부 직원들은 매년 새해가 되면 '자기 헌신서: 비전 스테이트먼트'를 작성해 땅 끝에 서 있는 선교사들을 위해 손발이 되겠다는 맘이 전달되었으면 한다.

---

34) 최윤식, 《2030 대담한 미래》 (서울: 지식노마드, 2013), p. 8.

'GMS 본부는 필드 선교사들을 위해 존재합니다.'

"우린 과거는 변화시킬 수 없지만 하나님은 미래를 위해 우릴 변화시키신다"(We cannot change the past, but God is changing us for the future).

II.
GMS(LMTC) 평신도 선교의 동결된 자원
- 서울 남노회 서문교회를 중심으로

화란인 선교학자로 인도네시아에서 사역했던 헨드릭 크래머(Hendrik Kramer)는 《평신도 신학》[35]이란 책을 펴내 신학계에 화두를 던졌다. 그는 일찍이 선교지에서 동결된 자산인 평신도의 가능성을 보았다. 헨드릭 크래머는 "**동결된 자산**"(frozen assets)인 평신도를 "따뜻하게 녹여" 활용하지 않으면 그 많고 적음에 관계없이 무용지물이 된다고 역설했다. 평신도는 선교의 큰 자산이다. 그들은 교회 성장의 동력이요, 세계 복음화의 자원이다.[36] 문제는 동결된 자산의 활

---
35) 헨드릭 크래머, 《평신도 신학 - 21세기 교회 갱신을 위한 근본적이고 혁명적인 도전》, 홍병룡 역 (아바서원, 2014), p. 12.
36) Ibid., p. 24.

용 여부는 교회의 과제로 남아 있다.

현대 세계 선교의 화두는 '선교 동원'과 '선교 협력'에 있다. 이 화두는 동전의 양면과 같다. 동원을 위해 협력해야 하고, 협력이 되어야 선교 헌신자를 동원할 수 있다. 한국 선교 동원은 '선교한국'이 대표적이고, 선교 협력은 'KWMA'(한국세계선교협의회)가 대표적이다. 물론 대부분의 경우 선교 동원과 선교 협력은 상호 밀접한 연관성을 갖고 있다.[37]

1. GMS가 한국 교회와 선교의 향도에 서 있다.

GMS가 한국 교회와 선교의 향도에 서 있다. GMS가 평신도선교훈련원(LMTC, Local Missionary Training Center)을 1998년에 공식적으로 시작했다. 사실 GMS는 교단 선교부의 특성상 목회자 선교사가 대다수인 상황이다. 2014년 17회기 이사회 총회 때 발표한 자료에 따르면, 평신도 전문인 선교사는 전체 2,360명 중 160명(6.7%)에 불과했다. 최근 들어 목회자가 들어갈 수 있는 선교지가 한정되면서 선교가 어려워지자, 평신도 전문인 선교사의 필요성을 절실히 느끼고 있다. 때문에 지난 2011년 GBN(GMS Business Network)을 설립해 전문인

---

37) 출처: https://ethne.tistory.com/entry/FTT전략적-협력과-적용 [ethne]/박인기/2020/4/7

선교사들의 네트워크를 형성한 데 이어, 평신도 선교사 양육 프로그램인 LMTC 훈련원을 확대하면서 새로운 도전을 시작했다.

GMS 훈련원장 조용성 선교사는 "종교인을 받지 않거나 추방하는 선교지가 늘어났을 뿐만 아니라 목회자 대상 선교훈련인 GMTI 훈련생도 점차 줄어들고 있어 앞으로 평신도 전문인 선교사의 역할은 더 커질 것"이라며, "GMS에서도 평신도 전문인 선교사 양육에 보다 더 중점을 둘 예정"이라고 설명했다.[38]

일련의 일환으로 교단 선교훈련원에서 인준한 서울 남노회 평신도훈련원에서(LMTC) 일반 목회사역을 하면서 지역 교회 목회자가 평신도 선교 동역화에 힘쓰고 있다. 필자는 GMS를 사랑하며 파악하고 이해하고 있다. 특히 구 바울의 집(Pauline House)이 있었던 총회 세계선교훈련원은 1989년부터 출입하며 필자의 기도와 눈물이 맺힌 곳이다. 또한 한국 교회 해외 선교의 요람이자, 나아가 교단 선교부의 핵심이다. 바울의 집 설립자 조동진 박사의 사역 이래 한국 교회 시니어 선교사들의 50% 이상이 여기서 배출되었다.

선교단체는 연구와 조사, 정책과 선교 전략 개발능력이 중요하

---

38) 출처: 기독신문(http://www.kidok.com)2020/4/7

다. 여기에서 교단 선교의 미래가 나온다. 많은 인력을 훈련시켜 파송하는 것도 중요하다. 전략적으로 필요 지역과 해당 인력을 본부가 통제할 수 있어야 한다. 가령, 한국 교회는 전쟁에 나가는 병사가 제 맘대로(물론 '성령의 인도'?) 선교지를 정해서 훈련시켜 달라고 지원하고, 자기가 원하는 지역에 대한 본부의 뚜렷한 선교 전략적 검토 없이 출국하여 사역에 임하는 경향이 대부분이다.

2. GMS는 공신력 있는 단체이다.

GMS는 공신력 있는 국제적인 공식 선교기관이다. 세계 최대의 장로교단인 대한예수교장로회총회가 별도로 설립한 독립선교단체이다. GMS의 선교 정책과 선교 전략은 본 교단의 나아갈 선교 방향을 나타내며, 12,000개 교회, 160개 노회, 300만 성도의 해외 선교 정책과 선교 방향의 나침반이다.

교단 공기관이 가진 분명한 자부심, 제도와 정책개발, 선교 전략에 대한 연구와 조사, 자체 개발능력이 없으면 외부세력에 흔들리기 쉽다. 외부와 단절해서도 안 되지만, 주어진 상황에 대한 정확한 정보와 판단능력이 없으면 항상 남의 것에 의존하게 되고 뒤처지는 것이다.

한국 교회 27,000명의 파송 선교사 가운데 2,600여 명이 본 교단 선교사로 단연 한국 선교의 선두주자이다. GMS가 흔들리면 한국 교회 선교가 흔들린다. 선교와 교회가 흔들릴 때 국가운명이 위험에 처했던 것을 역사에서 익히 배운 바 있다. GMS는 한국 교회 선교의 중심에 서 있다. 선교 규모와 조직만 중심에 서 있는 것이 아니고 선교 인력과 선교 정책과 전략도 중심에 서 있어야 한다.

3. 동결된 평신도 선교 자원을 활용하기 위해 2가지 방안이 강조되어야 한다.

첫째, 선교의 주체는 지역 교회이다.

평신도들을 중심으로 세워진 인터콥 선교단체를 보면 한심한 생각이 든다. 아프간 사태, 파키스탄 사태, 터키 사태와 같은 순직 사태를 자아냈다. 이런 공격적 선교로 한국 선교 이미지를 실추시켰다. 마치 모든 선교를 선교단체가 하는 것처럼 보인다. 어떤 때는 선교사가 혼자 선교하는 것처럼 보인다. 분명한 것은 선교의 주체는 성령이다(창 12:1-4; 행 13:1-4). 좀 더 실제적으로 말하면, 선교는 선교단체에게 주신 명령이 아니다. 선교는 교회에 주신 명령이며, 선교의 주체는 교회이다(행 13:1-4). '선교사는 교회에서 태어나고, 교회에서 신앙을 양육 받고 교회를 통해 헌신되어 교회가 선교 훈련을 위탁시켜 교회를 통해 파송 받는 것이다.' 문제는 종합예술인 목회사역을 목회자가 다 행할 수 없으므로 교회는 리더들이 모여서 선교단체를 조직하고 전문성을 가진 조직에 '교회의 선교사역을 위임'한 것이다. 교회 지도자는 이 부분에 분명한 성경적 선교 신학의 기초를 가지고 있어야 한다.

주님의 대위임 명령과 땅 끝까지 이르러 내 증인이 되라는 명령(마 28:19-20; 행 1:8)은 당시 제자들에게 주신 명령이 아니라 교회에 주신 명령이다. 왜냐하면 제자들은 모든 족속에게 가지 못했고, 땅 끝까지 가지 못했기 때문이다. 물론 현장에 있는 제자들에게 하신 말씀이지만 주님은 제자들 뒤에 나타날 교회를 향해서 말씀하신 것이다.

지역 교회가 선교의 주체라는 사실이 왜 중요한가? 그것은 교회가 선교의 모든 자원을 갖고 있는 신비한 조직체이며, 선교의 영적 기도 자원, 인적 자원(선교사 후보생, 헌신자, 선교 인력), 물적 자원(선교헌금, 선교 동력원)을 모두 갖고 있기 때문이다. 결국 지역 교회 목회자, 지역 교회 평신도에 대한 선교 계몽, 교육과 훈련 등 내부 정비가 선행된다면 선교적 교회로 엄청난 보고가 곧 교회이다.

둘째, GMS의 국제화이다.

선교부가 저명인사 몇 명을 초빙해서 강연을 듣는다고 국제화가 되는 것이 아니다. 이런 시도도 하지 않는 것보다는 낫다. 그러나 국제화 근간의 처음과 마지막은 사람이다. 사람을 준비해서 키워야 한다. 사람을 바꾸는 데는 30년이 걸린다고 한다. 국제화를 처음부터 추진하는 것은 사람이다. 지금부터 선교 현장에 인력 구축을 해서 전문인 인재를 키워야 한다. 선교학자, 지역전문가, 연구소, 언어학자, 국제선교단체와 협업 등을 할 수 있는 인재 개발을 해야 한다.

국제적인 선교회의에서 한국 선교사들이 선교 지도력을 발휘하지 못한다. 소위 세계 '제2위의 선교사 파송 대국'이 이에 걸맞게 국제적인 선교회의에서 왜 지도력을 발휘하지 못하는가? 그것은 바로 국제 공용어인 영어구사 능력부족 때문이다. 선교 전략과 이론, 선교 정보 개발능력, 국제화가 되지 못했기 때문이다. 이런 기초적인 부분에서도 국제화 토대가 이루어지지 않고서는 프로그램만 도입하고 조직만 바꾼다고 국제화가 되지 않는다.

대기업 삼성은 박사 인력만 3,000명이다. 특히 삼성 R&D경제연구소는 1년 예산이 1조 3,000억(2017년)이다. 삼성은 막강한 연구개발 인력으로 세계의 삼성 브랜드를 견인하고 있다. GMS도 마찬가지이다. 전문 연구개발인력을 확보하고 보강하지 않으면 GMS의 국제화, 21세기 첨단의 GMS 선교는 요원하다.

어떻게 국제화를 추진할 것인가? 국제화 추진에서 기본적이고 최우선적으로 할 것은 무엇인가? 일단 쉽게 접근할 필요가 있다. 다음 세대를 국제화하기 위해서 인적 투자를 해야 한다. 결국 '사람이 경쟁력'이다. 그 국제화된 인력이 자신이 속한 조직과 단체를 국제화시키게 된다. 리더는 국제화의 필요성을 제시하고 구체적인 로드맵을 그린 후 분야별 전문가를 세워야 한다. 이것도 물론 정책입안 과정에서 많은 변수가 있을 것이다. 이미 GMS 정책실무자들이 구체적인 계획을 준비하고 있다.

4. 동결된 자산 LMTC 수료자 현황
- GMS와 서울 남노회(서문교회) 현황

GMS는 지난 18년 동안 전국 LMTC 훈련생들만 6,975명이 수료했다(2015년 기준). 한 교단 선교부로서 "동결된 자산"(frozen assets)인 평신도를 "따뜻하게 녹여"냈다. 문제는 이 거대한 자원을 활용하지 않으면 그 많고 적음에 관계없이 무용지물이 된다. 현대 선교에 있어서 평신도는 선교의 큰 자산이다. 그들은 교회 성장의 동력이요, 세계 복음화의 자원이다.[39] 문제는 동결된 자산의 활용 여부는 LMTC의 가동으로 교회가 선교적 교회의 출구전략을 삼아야 한다는 것이다.

* LMTC 연도별 수료 및 이수자 현황(2015. 5. 31)

구분		수료	이수
연도	합계	LMTC	LMTC
1998년	19	19	
1999년	192	192	
2000년	267	267	
2001년	282	282	
2002년	295	295	
2003년	261	249	12
2004년	399	305	94
2005년	292	254	38
2006년	524	397	127
2007년	694	543	151
2008년	878	650	228
2009년	972	657	315
2010년	879	617	262
2011년	876	604	272

---

39) 헨드릭 크래머, 《평신도 신학 – 21세기 교회 갱신을 위한 근본적이고 혁명적인 도전》, p. 34.

2012년	951	594	357
2013년	716	501	215
2014년	477	460	17
2015년	147	89	58
합 계	9,121	6,975	2,146

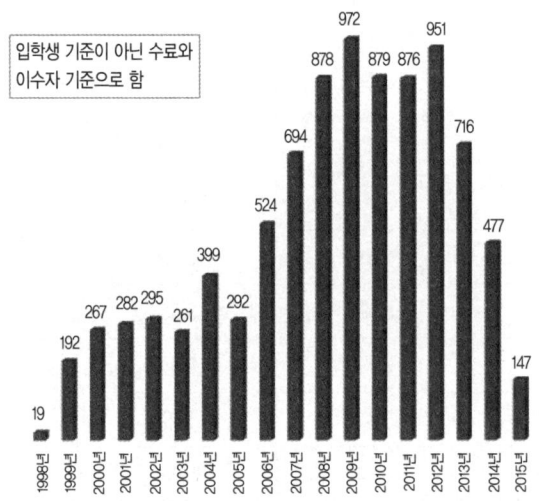

LMTC 훈련 현황

* LMTC 훈련 현황을 보면 2009년과 2012년에 훈련생들이 가장 많이 지원했다. 이것은 당시 훈련원장이었던 조용성 선교사가 선교지에서 들어와 몸으로 뛰며 LMTC 지역훈련원을 독려하며 동결된 평신도 자원을 가동시킨 결과물이다.

해답은 하나이다. 리더 한 사람이 '동결된 평신도 자원'을 얼마나 가동하느냐에 따라 선교의 활성화가 달려 있다. 갈수록 세계 선교는 북반부(서구 교회) 중심에서 남반부(비서구 교회) 중심으로 이동하고 있다. 포도원 품꾼 비유에서 말씀하듯이 마지막 추수꾼으로 한국을 부르심에 감사하며, 주어진 선교의 장에서 주인이 결산을 준비하는 시간을 앞당기도록 충성해야 한다.

* OMTC(해외선교훈련원) 연도별 수료 및 이수자 현황(2015. 5. 31)

구분		수료	이수
연도	합계	OMTC	OMTC
2004년	39	39	
2005년	26	26	
2006년	25	25	
2007년	0		
2008년	5	5	
2009년	9	9	
2010년	19	19	
2011년	21	20	1
2012년	17	17	
2013년	16	16	
2014년	15	11	4
2015년	0		
합 계	192	187	5

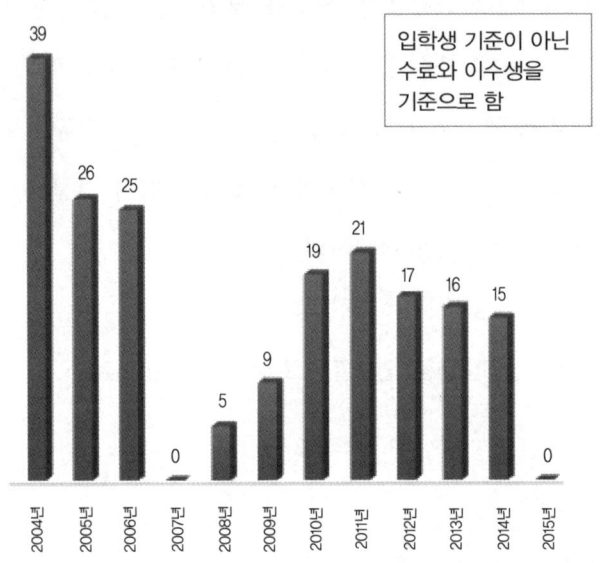

선교적 교회(Missional Church)

III.
LMTC 현황과 전망
- 서문교회 LMTC를 중심으로

선교적 교회를 고민하며 평신도선교훈련원을 시작했다. 바쁜 목회현장에서 매주 선교 훈련을 위해 모인다는 것이 쉽지 않다. 지난 5-7기 수료자 현황을 살펴보니 3가지 현상이 현저하게 나타났다. 첫째, 여성들이 68%로 압도적으로 많았다. 둘째, 연령대가 60대 이상이 21명으로 많다. 셋째, 직업군을 살펴보면 전문직종이 27%이다.

이것은 향후 '선교적 교회'로 가는 데 방향성과 무관하지 않다. 여성 훈련생 68%는 남성보다 비교우위이다. 결국 여성들을 더 많이 훈련시켜 장, 단기 선교사로 파송해야 한다. 전문직종을 가진 자들을 더 전문화시켜 은사별(목공, 차량정비, 이발, 바리스타, 제빵 등) 훈련을 해야 한다. 아울러 은퇴 후 '평신도 동결자원 활용방안'이 선교적 목회에 가중치를 두어야 한다는 결론을 얻었다.

* LMTC 이수 및 수료자(성별 참여도)

	5기	6기	7기	합계
남		18		18
여		39		39
합계				57

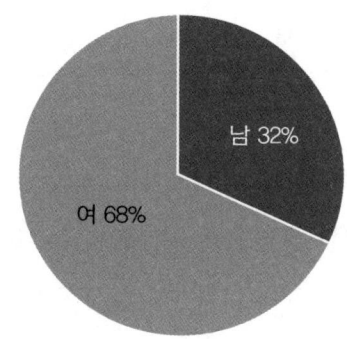

* LMTC 이수 및 수료자(연령대별)

연령	5기	6기	7기	합계
20대		1		1
30대		4		4
40대		14		14
50대		17		17
60대		21		21
합계		57		57

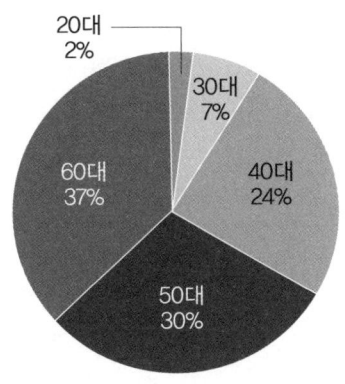

* LMTC 이수 및 수료자(직업군별)

직업	5기	6기	7기	합계
전문직		15		15
공무원		2		2
자영업		11		11
회사원		12		12
주부		16		16
학생		1		1
합계		57		57

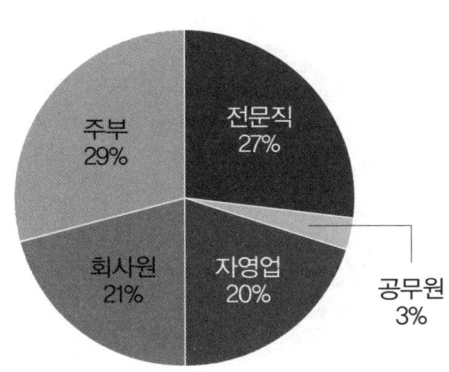

* LMTC 이수 및 수료자(연령, 남녀 별)

연령	남녀	5기	6기	7기	합계
20대	남		1		1
	여				
30대	남	1	1		2
	여	1		1	2
40대	남	2		2	4
	여	4	3	3	10
50대	남	5		1	6
	여	3	4	4	11
60대	남	4		1	5
	여	3	3	10	16
합계		23	12	22	57

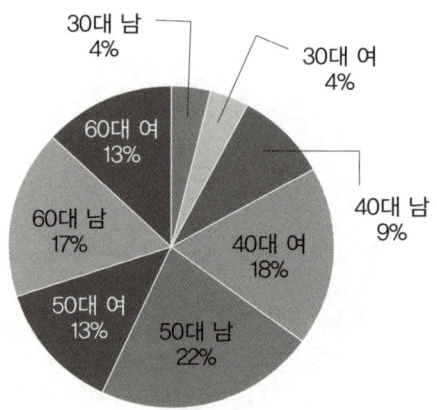

제4장 거버넌스(Governance)

| 에필로그 |

　책을 마무리하며 많은 생각을 했다. 말은 흘러가지만 글은 흔적이 남는다. 한번 흘러가는 말은 책임이 없지만 글로써 남긴 것은 책임이 따른다. 워낙 글쓰기에 문외한인 사람이 세상에 자신의 이름을 내놓는다는 것이 부끄럽다. 누군가 말했다. "명석한 머리보다 흐릿한 잉크가 낫다." 그간 목회하며 잊어버리기에 아쉬웠던 것을 정리할 수 있어서 감사했다. 무엇보다 목회 초기 아련한 기억들을 더듬어 보며 반추했던 시간이 감사하다. 지난 시간이 은혜였기에 남은 목회도 은혜로 인도해 주실 것을 믿는다.

　인생의 정점을 지나며 되뇌어 본다. 우린 늙어가는 것이 아니라 익어가는 것이다.[40]

내 손에 잡은 것이 많아서 손이 아픕니다
등에 짊어진 삶의 무게가 온몸을 아프게 하고
매일 해결해야 하는 일 때문에 내 시간도 없이 살다가

---
40) 노사연, "바램" 노랫말 중에서.

평생 바쁘게 걸어왔으니 다리도 아픕니다

후렴: 내가 힘들고 외로워질 때 내 얘길 조금만 들어준다면
　　　어느 날 갑자기 세월의 한복판에 덩그러니 혼자 있진 않겠죠
　　　큰 것도 아니고 아주 작은 한마디
　　　지친 나를 안아 주면서 사랑한다
　　　정말 사랑한다는 그 말을 해준다면
　　　나는 사막을 걷는다 해도 꽃길이라 생각할 겁니다
　　　우린 늙어가는 것이 아니라 조금씩 익어가는 겁니다

우린 늙어가는 것이 아니라 조금씩 익어가는 겁니다
저 높은 곳에 함께 가야 할 사람 그대뿐입니다

'익어간다'는 것이 무슨 의미일까?
　인생의 한 정점을 지나면서 크고 작은 기쁨과 아픔을 겪는 것, 이 땅의 장막 집(고후 5:1-5) 떠날 날이 그리 멀지 않았음을 알아가는 것,

사랑과 노여움의 이야기를 따뜻한 봄날의 눈빛으로 전하는 것, 지난 날들을 감사와 사랑으로 삼는 것, 그러기에 한 인생을 남 이야기하듯 편하게 말하지 않는가 싶다.

치열하게 목회현장에서 살아온 젊은 날의 얼룩진 아픔과 상처, 평생을 앞만 보고 외길 목회만 생각하고 바쁘게 살아온 날들의 초상들, 힘들고 괴로움에 떨고 있을 때 손 잡아 주며 '그래, 성화야! 목회 여정 잘 달려왔다'는 한마디 위로해 주실 주님이 계시기에 용기가 난다.

이제 나이 들며 늙어간다는 것이 '익어간다'는 은유적 표현으로 아름답게 들린다. 마치 하얀 종이 위에 새 감동을 그려 놓은 한 폭의 그림처럼 되살아나는 느낌이다. 그래, 나이가 들어간다는 것이 늙어간다는 것이 아니라 자기 비움(빌 2:1-7)과 자기 성찰로 채워가는 것 같다. 나이가 들어간다는 것이 늙어가는 것이 아니라 성숙해지는 것 같다. 나이가 들어간다는 것이 늙어가는 것이 아니라 익어가는 것 같다.

조용히 지난 시간을 되돌아보며 목회의 욕심도, 내 안의 번뇌도 버리는 과정을 통해 영육을 가볍게 해주는 것 같다. 삶의 깊이도 모자람도 배우고, 겸손과 겸허함을 실천하면서 성숙하게 익어가는 모습으로 살고 싶다.

나이가 들어가며 이마에 굴곡진 주름이 늘어가고 머리카락은 가을 새벽녘 서릿발 같은 백발로 변해가지만, 오랜 삶의 흔적 속에서 인생은 결코 늙어가는 것이 아니라 익어가는 것을 배운다.

이 노랫말을 아내에게 전해 주고 싶다. '정말 사랑한다'고 말이다.

"당신이 힘들고 외로워질 때 당신 얘길 조금만 들어준다면
어느 날 갑자기 세월의 한복판에 덩그러니 혼자 있진 않겠죠
큰 것도 아니고 아주 작은 한마디
지친 당신을 안아 주면서 사랑한다
정말 사랑한다는 그 말을 해준다면

당신은 사막을 걷는다 해도 꽃길이라 생각할 겁니다
여보! 우린 늙어가는 것이 아니라 조금씩 익어가는 겁니다."

코로나바이러스로 힘든 시간에 조국 교회를 생각하며
2020년 3월 고난주간에 목양실에서

참고문헌

김성태, 《세계선교전략사: 교회사 속에 나타난 선교 전략과 사례 연구》, 생명의 말씀사, 2003(증보판).
김의영, "지속가능 발전과 거버넌스: 한국의 실태와 제안", 〈국가전략〉 2016년 제22권 1호.
니니안 스마트, 《종교와 세계관》, 김윤성 역, 이학사, 2006.
데이비드 보쉬, 《변화하고 있는 선교》(Transforming Mission), 김병길·장훈태 공역, 서울: 기독교문서선교회, 2000.
리처드 마우, 《무례한 기독교》, 홍병룡 역, 한국기독학생회 출판부, 2004.
마셜 G.S. 호지슨, 《마셜 호지슨의 세계사론: 유럽, 이슬람, 세계사 다시 보기》, 이은정 역, 파주: 사계절, 2006.
밥 빌, 《사람을 세우는 22가지 원리, 멘토링》, 김성웅 역, 디모데, 1998.
브루스 링컨, 《거룩한 테러》, 김윤성 역, 파주: 돌베개, 2005.
윌프레드 캔트웰 스미스, 《종교의 의미와 목적》, 길희성 역, 서울: 분도출판사, 1991.
자크 G. 루엘랑, 《성전, 문명충돌의 역사: 종교갈등의 오랜 기원을 찾아서》, 김연실 역, 파주: 한길사, 2003.
존 맥스웰, 《성경에서 배우는 불변의 리더십》, 채천석 역, 청우출판사, 2002.
------, 《파워 리더십》, 전형철 역, 청우출판사, 2002.
------, 《당신 안에 잠재된 리더십을 키우라》, 강준민 역, 두란노, 1998.
------, 《당신 주위에 있는 사람을 키우라》, 임윤택 역, 두란노, 1997.
존 화이트, 《탁월한 지도력》, 이석철 역, IVP, 1991.
총회세계선교회 운영규칙, 〈운영세칙〉(GMS 2015년 6월 4일, 수정판).

최윤식, 《2030 대담한 미래》, 서울: 지식노마드, 2013.

하워드 헨드릭스, 《사람을 세우는 사람》, 박경범 역, 디모데, 1998.

한홍, 《거인들의 발자국》, 두란노, 2002.

헨드릭 크래머, 《평신도 신학 - 21세기 교회 갱신을 위한 근본적이고 혁명적인 도전》, 홍병룡 역, 아바서원, 2014.

Asad, Talal, *Formation of the Secular: Christianity, Islam, Modernity,* Stanford, Calif.: Stanford University Press, 2003.

Berkes, Niyazi, *The development of secularism in turkey,* New York: Routledge, 1998.

Cho, David Dongjin, *A Historical Anatomy of the Power Encounter of the Christian Mission with the Nations: A Paradigm for the Future,* Seoul: Star Press, 1991.

Edward, Said, W., *Orientalism,* New York: Pantheon Books, 1978.

Gellner, Ernest, "the Turkish Option in Comparative Perspective," in Rethinking Modernity and National Identity in Turkey.

Gibb, Hamilton. A. R., *Mohammedanism: An Historical Survey,* London: Oxford Univ. Press, 1958.

Göle, Nilufer, "Secularism and Islamism in Turkey: the Making of Elites and Counter-Elites," in The Middle East Journal v.51, no.1. (January 1997).

Hodgson, Marshall G. S., *The Venture of Islam: Conscience And History in a World Civilization,* vol.1, Chicago: University of Chicago Press, 1974.

Hourani, Albert H., *Islam in European Thought,* New York: Cambridge University Press, 1991.

Imber, Colin, *The Ottoman Empire, 1300-1650: the Structure of Power,* New York: Palgrave macmillan, 2002.

Juergensmeyer, Mark, *Terror in the Mind of God: The Global Rise of Religious Violence,* University of California Press, 2003.

Kallen, Horace M., "Secularism as the Common Religion of a Free Society," in Journal for the Scientific Study of Religion, vol.4, no.2. (Spring 1965).

Kedourie, Elie, "Islam and the Orientalists: Some Recent Discussions," in The British Journal of Sociology, Vol.7, No.3. (September 1956).

Ladd, George E., *A Theology of the New Testament,* Grand Rapids, MI: W.B. Eerdmans Publishing Co., 1974.

Lewis, Bernard. *What Went Wrong?: Western Impact and Middle Eastern Response,* Oxford; New York : Oxford University Press, 2002.

Lincoln, Bruce, *Holy Terrors: Thinking about Religion after September 11,* University of Chicago Press, 2006.

Lovatt, Debbie, "Islam, Secularism and Civil Society," in the World Today, New York: Oxford Univ. Press v.53, no.8/9. (September 1997).

Mark, "New Religious State," in Comparative Politics v.27, no.4. (July 1995).

Myer, Bryant, "The Historical Context of Mission," Mission Handbook, 1998-2000, Monrovia, CA: MARC, 1997.

Netanyahu, Benjamin(ed), *Terrorism: How the West Can Win?,* New York: Farrar, Strauss, Giroux, 1986.

Southern, R. W., *Western Views of Islam in the Middle Ages,* London: Harvard University Press, 1978.

Tapper, Richard, *Islam in Modern Turkey: Religion, Politics, and Literature in a Secular State,* London; New York: I.B. Tauris, 1991.

선교적 교회(Missional Church)

1판 1쇄 인쇄 _ 2020년 4월 24일
1판 1쇄 발행 _ 2020년 4월 29일

지은이 _ 이성화
펴낸이 _ 이형규
펴낸곳 _ 쿰란출판사

주소 _ 서울특별시 종로구 이화장길 6
편집부 _ 745-1007, 745-1301~2, 747-1212, 743-1300
영업부 _ 747-1004, FAX 745-8490
본사평생전화번호 _ 0502-756-1004
홈페이지 _ http://www.qumran.co.kr
E-mail _ qrbooks@gmail.com / qrbooks@daum.net
한글인터넷주소 _ 쿰란, 쿰란출판사
페이스북 _ www.facebook.com/qumranpeople
인스타그램 _ www.instagram.com/qrbooks
등록 _ 제1-670호(1988.2.27)
책임교열 _ 박은아

© 이성화 2020 ISBN 979-11-6143-373-8 93230

책값은 뒤표지에 있습니다.
이 출판물은 저작권법에 의해 보호를 받는 저작물이므로 무단 복제할 수 없습니다.
파본(破本)은 구입처에서 교환해 드립니다.